Comentarios a

Lo tuyo, lo

«Leer y escuchar a mi amigo... muy agradable, porque lo hace co... ... Este libro le ayudará a mejorar su calidad de vida, y a disfrutar más el privilegio de multiplicar lo que Dios le ha dado para administrar. Recorrer estas páginas lo cautiva a uno, porque pareciera como si conocieran el consejo que necesitamos. Estoy seguro de que deseará compartirlo con sus amigos».

Sixto Porras, Director para Iberoamérica
de Enfoque a la Familia.

«Hoy, la familia, base de la convivencia humana, crisol de la prole, debe hacer frente a múltiples desafíos y encarar serios retos. De ellos destaca, cada día con mayor fuerza, el tema de las finanzas familiares. De hecho, ha llegado a representar uno de los factores que enturbia con mayor frecuencia las relaciones en el seno de las familias.

La obra de Javier Angulo aborda precisamente este problema con gran propiedad, sin ambages ni tapujos. La manera didáctica gracias a múltiples casos y ejemplos concretos es de gran valía para orientar y ayudar a los lectores, hombres y mujeres. Ellos podrán encontrar en los diferentes capítulos elementos de juicio acertados para comprender y resolver las dificultades acerca del tema de las finanzas familiares. Todos los lectores no podemos sino agradecer a Javier, pues sus aportes son de gran importancia para mejorar las relaciones familiares en los tiempos actuales tan difíciles. ¡Muchas gracias, Javier!».

Dr. Eduardo Lizano Fait, Economista, Presidente
Honorario de la Academia de Centroamérica y
Expresidente del Banco Central de Costa Rica.

«Javier, te felicito, honestamente, por el libro que escribiste. Está excelente. Es fresco, didáctico, lleno de historias de la vida real... Es cálido, orientador y toca temas extremadamente relevantes».

Andrés Panasiuk, Fundador del
Instituto para la Cultura Financiera.

«En Latinoamérica, como matrimonios atravesamos por una serie de retos particulares en las finanzas que debemos enfrentar y siempre necesitamos buenos consejos. Javier, en su libro, ha sabido recopilar de forma magistral estas luchas comunes que como pareja tenemos, y no solo nos brinda una cantidad de consejos sabios, sino que profundiza y nos lleva a afianzarnos como familia. Sin duda alguna, *Lo tuyo, lo mío y lo nuestro* es una de la mejores obras para finanzas en la pareja que puedo recomendar».

Dr. Frank González, Crown Financial
Ministries Latinoamérica.

«¡Cuántos matrimonios se divorcian por problemas financieros! Javier Angulo, con su vasta preparación académica y su experiencia en asesoría financiera en Enfoque a la Familia y en su programa Finanzas con Propósito, nos enseña de forma sencilla y dinámica en *Lo tuyo, lo mío y lo nuestro* todo el consejo financiero que se necesita para desarrollar hábitos saludables en la administración de nuestro dinero como individuos para lograr éxito en nuestras finanzas en el matrimonio».

Norma Pantojas, Escritora y Consejera
de familia, Puerto Rico.

LO TUYO, LO MÍO Y LO NUE$TRO

PARA QUE EL DINERO NO SEA UN PROBLEMA EN CASA

JAVIER E. ANGULO

La misión de Editorial Vida es ser la compañía líder en comunicación cristiana que satisfaga las necesidades de las personas con recursos cuyo contenido glorifique a Jesucristo y promueva principios bíblicos.

LO TUYO, LO MÍO Y LO NUESTRO
Edición en español publicada por
Editorial Vida — 2013
Miami, Florida

Editora en jefe: *Graciela Lelli*
Edición y Diseño interior: *S.E.Telee*

ISBN: 978-0-8297-6525-0

CATEGORÍA: Vida cristiana / Amor y matrimonio

IMPRESO EN ESTADOS UNIDOS DE AMÉRICA
PRINTED IN THE UNITED STATES OF AMERICA

13 14 15 16 RRD 6 5 4 3 2 1

CONTENIDO

Agradecimientos

QUIERO agradecer a Dios, a Cynthia, a mis bellos hijos Stefano y Fiorella, que son mi mayor tesoro y que me han enseñado tanto, por su paciencia y apoyo durante noches de vela y tempranos amaneceres que me permitieron entregar hoy un poquito de lo mucho que Dios me ha dado.

Agradezco a mis mentores y padres, don Alfredo y doña Fina, quienes me han entregado su mayor tesoro: ellos mismos; quienes me enseñaron el valor de la sencillez, la fe y el esfuerzo. Y con ellos al resto de mi linda familia, ya que de todos he aprendido mucho. Gracias.

Agradezco la confianza de tantas personas que me han permitido darles un consejo, enseñar algunos principios, atender algunas dudas, pues de ellas surgieron muchas historias que se plasman con otros nombres en este libro.

Agradezco a mi amigo y mentor Sixto Porras, con quien hemos caminado juntos; al lado de él y su esposa, Cynthy y yo hemos aprendido el valor del matrimonio y de la familia. Así como a mis colegas de Enfoque a la Familia que una y otra vez revisaron estos escritos cada vez que debía atender un programa de televisión de Finanzas con Propósito, que permitieron gestar esta iniciativa.

A nuestra amiga y escritora Norma Pantojas, gracias por animarme a escribir.

Agradezco a nuestro amigo Edgar Silva, periodista ejemplar, y al equipo del programa de televisión «Buen día» que me han dado la oportunidad, durante diez años, de presentar consejos a tantas familias a través de su programa.

Agradezco a Hebe Rubino, quien con sus consejos de edición enriqueció este pequeño mapa hacia la salud financiera.

Agradezco a personas como Andrés Panasiuk, reconocido pionero hispano en educación financiera, quien sin saberlo sembró principios prácticos y eternos que me ayudaron a salir adelante desde hace muchos años mientras atravesaba mi peor crisis financiera.

Agradezco a personas ejemplares que con sus estilos de vida me enseñaron el valor de la moderación y el contentamiento, como Frank González, director regional de Crown.

Agradezco a personas significativas como Ricardo Salazar y Guiselle, nuestros compañeros de fe que siempre dijeron: «Aquí estamos» para extendernos la mano. ¡Qué honor ser parte de cada uno de ustedes!

Y a Editorial VIDA por haber confiado en que este proyecto pudiera bendecir a muchas personas en Iberoamérica.

Dios les bendiga.

> «El tiempo va a pasar haga usted algo o no haga nada; mejor haga algo».
> Mis padres

Prólogo

Hay pocas cosas en la vida que afecten nuestras familias más que el dinero. Cuanto más hablo con consejeros familiares y financieros de nuestro mundo hispanohablante, más escucho que, en los últimos años, las finanzas se han convertido en la causa más importante de estrés en las parejas del continente. Están entre las razones más mencionadas al momento de tomar la decisión de pedir el divorcio.

Recuerdo haber comenzado una conferencia hace algunos años haciendo reír a las damas asistentes cuando les dije: «Es un hecho científicamente comprobable que, cuando hablamos de dinero, el problema más importante que tienen las mujeres... ¡son los hombres!». La verdad, sin embargo, es que el problema no se encuentra en el hombre o en la mujer. Se encuentra en la forma en la que los caballeros y las damas del continente se relacionan. En la manera en la que toman decisiones y planifican el uso del dinero para la familia.

En *Lo tuyo, lo mío y lo nuestro*, Javier Angulo ha pegado justamente en el blanco. De una manera sencilla (uno nunca se imaginaría que el hombre se ha graduado de Harvard), nos muestra un mapa para ordenarnos a nosotros mismos y mejorar las finanzas de nuestras familias.

Lo hace de manera fresca, entretenida y práctica.

Creo que explicar ideas financieras de una manera coloquial y entendible es la única manera de llevar a las masas la cultura financiera que quisiéramos ver en nuestras comunidades.

En *Lo tuyo, lo mío y lo nuestro*, Javier demuestra haber adquirido un alto nivel de sabiduría y experiencia desde que comenzara años atrás Finanzas con Propósito y luego se convirtiera en el Director Ejecutivo de Enfoque a la Familia Costa Rica.

Su constante exposición al público a través de sus participaciones en la radio, en la televisión y en conferencias a lo largo y ancho de Latinoamérica le permiten seleccionar y abordar temas con los que usted y yo nos identificamos inmediatamente.

A pesar de haber estudiado en Europa y Estados Unidos, Javier Angulo decidió volver a su país natal, la bella Costa Rica, e involucrarse por años en la educación financiera de individuos y familias de habla hispana. Fue el fundador de la Feria Nacional de Educación Financiera en su país y constantemente está a la búsqueda de nuevas maneras de comunicar efectivamente principios sólidos de manejo económico en un idioma que todo el mundo pueda entender.

Lo tuyo, lo mío y lo nuestro trabajará tanto el SER como el HACER de las finanzas. Le llevará a preguntarse cómo es que su propio carácter influye en la forma en la que toma decisiones económicas. Le mostrará soluciones prácticas a temas candentes como: ¿Qué hacer cuando la esposa gana más que el esposo? O ¿qué hago cuando tengo que mantener económicamente a mi suegra?

Javier nos mostrará cómo es que el dinero es poder, amor, seguridad y libertad. Nos guiará a través de los desafíos familiares más comunes en el área financiera y nos dará soluciones a errores frecuentes que nos llevan a las crisis económicas en la familia.

Nos hablará de la educación financiera de nuestros hijos y nos dará muy buenos consejos para comenzar y manejar nuestro propio negocito (Javier tiene una Maestría en Administración Pública recibida en Bélgica y una Maestría en Gerencia de la Universidad de Harvard).

Sin embargo, la parte que más disfrutará de este libro es la forma en la que termina: con una noche de luciérnagas y un enfoque en las cosas que son realmente importantes en la vida.

Prepárese un buen cafecito. Tráigase las galletas que más le gustan. Siéntese en su sillón favorito (con pluma y papel a la mano), y prepárese para empezar a experimentar una serie de ideas, principios y consejos que le cambiarán radicalmente la vida.

Comencemos juntos, entonces, de la mano de Javier Angulo a descubrir en *Lo tuyo, lo mío y lo nuestro*.

Dr. Andrés G. Panasiuk

Fundador

El Instituto para la Cultura Financiera

Verano del 2013

INTRODUCCIÓN

Peter Drucker decía que «la mejor manera de predecir el futuro es creándolo». Esa frase sencilla encierra una gran verdad, porque cada uno de nosotros crea su futuro con cada decisión que toma. Es un hecho que algunas veces tendemos a culpar a otros de nuestros aciertos o desaciertos en la vida en lugar de asumir nuestro destino y tomar la decisión de darle rumbo a nuestra vida y, con ello, dar sentido a nuestras finanzas.

Atendía a una pareja a quienes llamaremos Ana y Julio, que no se ponían de acuerdo en sus finanzas familiares y querían divorciarse. Ambos eran profesionales, él todo un emprendedor que desde los treinta y cinco años ya tenía varias propiedades, y ella una profesional independiente que ganaba a veces más, a veces menos. Les di la tarea de ir a preparar juntos su presupuesto, lo cual no lograron. Cuando regresaron a la cita, les pedí que me explicaran sus gastos. Al ver una cuenta por cobrar de alrededor de 3000 dólares en el presupuesto de él le consulté: «Y esa deuda, ¿qué es?». Él volteó el rostro a su esposa y me dijo: «Es dinero que ella me debe». ¡Sí! ¡Así como usted lo está leyendo! Él le cobraba a ella cada centavo que, dentro de sus acuerdos, ella debía aportar. Este es un vivo ejemplo de una pareja que vive sus finanzas como si fueran «un par de solteros», en donde «lo tuyo es tuyo y lo mío es mío». Y de eso trata este libro. Buscamos dar una guía a las familias como Ana y Julio para que el dinero no sea un problema en su hogar ni en su relación. Las estadísticas tienden a mostrar un incremento de divorcios por causa de desacuerdos financieros en la pareja.

Hay que reconocer que las finanzas no son un fin en sí mismas, deben tener un propósito que conlleve la realización de las metas y planes que tengan como pareja, como familia y como personas.

Después de varios años de dar asesoría a familias en sus finanzas, decidimos plasmar en este libro algunas de las principales consultas que ellas nos hacían en materia del manejo del dinero. Muchos de estos temas fueron abordados en el programa de televisión y han ayudado a miles de familias hispanas.

Un buen amigo solía decir que la vida es una sucesión de etapas, y eso es precisamente lo que desarrollamos en este libro, acompañarle en su viaje financiero por la vida y que los principios aquí compartidos le ayuden a mejorar la calidad de vida de su familia, **para que el dinero no sea un problema en casa**.

Le agradezco que nos sentemos juntos a disfrutar de este viaje y que los consejos vertidos en cada una de estas páginas contribuyan a mejorar sus relaciones familiares y le den herramientas para ayudar a otros familiares y amigos. Al final, esperamos que la aplicación de algunos o todos los consejos acá expresados le hayan ayudado a usted y a quienes ama a tener una vida más tranquila y feliz y, sobre todo, con paz financiera.

En Enfoque a la Familia, un alto porcentaje de las consultas que recibimos por vía del correo electrónico tienen relación con temas financieros en el hogar, temas que le han robado la paz a las madres y a los hijos, que han traído discusiones entre hermanos y padres que luchan por dar a su familia lo mejor en medio de una sociedad que presiona a vivir más allá de su nivel de ingresos y a gastar más.

Los temas abordados se ilustran con historias reales y testimonios de personas y familias que han encontrado ideas prácticas y principios trascendentes para mejorar las finanzas, sin afectar las relaciones en el seno del hogar.

Reforzamos los consejos con algunas investigaciones en materia familiar y financiera que nos permitan comprobar, con la lente de la objetividad, que sí se pueden tener finanzas sanas en nuestra familia.

También anhelamos compartir con ustedes, no solo nuestra experiencia asesorando a personas, sino el testimonio de nuestra propia vida como familia, ya que a los diez años de matrimonio atravesamos por una terrible crisis financiera en la que creímos imposible ver la luz. Pero gracias a Dios, a las técnicas financieras, a las decisiones acertadas, libros leídos, consejos oportunos y fe en Dios, logramos superarla.

Ahora vemos que nuestro dolor al haber pasado por esa crisis (que no necesariamente tuvo raíces financieras) es lo que hoy nos permite decirles a las personas que sí se puede salir de una crisis. Hemos ayudado a otras familias a salir adelante y, en esa travesía, se han sumado una serie de aspectos emocionales, financieros y espirituales que deben ser tratados en el corazón de las relaciones familiares para asegurar finanzas sanas, pues las técnicas nunca serán suficientes si no tenemos planes claros, valores, principios, buenas relaciones y reglas del juego claras en casa.

En este viaje por las diferentes formas en que usamos el dinero en la familia, voy a compartir algunos principios que he llamado de sabiduría que le van a reforzar sus bases y valores para ser una persona sabia en el uso de sus recursos. Como dice Chuck Bentley, presidente global de Conceptos Financieros Crown: «Nunca cometas el error de pensar que puedes manejar bien tu dinero usando "tu sentido común" en lugar de la sabiduría bíblica».

Este libro está escrito con mucho esfuerzo durante varios años para animarle y ayudarle a mejorar sus finanzas familiares; por ello, haga las tareas y, si quiere, estúdielo en grupo con su familia y otras personas. El libro está escrito para que se lea algún capítulo o sección. Se puede hacer fácilmente, pues cada apartado puede leerse de forma independiente, según sea la etapa en la que se encuentre la familia o según desee profundizar o mejorar. Ahora bien, yo les recomiendo leerlo todo y poner en práctica los desafíos, los ejercicios y los principios.

> Tener finanzas saludables puede no solo transformar la vida de la familia, sino cambiar radicalmente su futuro.

¿Cómo estamos?

Para iniciar el año debemos hacernos varias preguntas evaluadoras para saber si las finanzas personales van bien y tomar medidas de mejora. Piense en cuál de estas categorías le identifica a usted:

- *Finanzas sanas:* Cubro mis gastos, tengo ahorros y no tengo deudas.
- *Finanzas promedio:* Cubro mis gastos, tengo ahorros y tengo deudas al día.
- *Finanzas riesgosas:* Cubro mis gastos, no tengo ahorros y tengo deudas atrasadas.
- *Finanzas críticas:* No cubro mis gastos, no tengo ahorros y tengo deudas atrasadas.

Hacerse estas preguntas es clave para ver si debemos tomar medidas para lograr nuestras metas.

El ideal es tener **finanzas sanas**, es decir, con cero deudas. Conozco a algunas personas con ese perfil y realmente se les nota la tranquilidad con la que viven y disfrutan. Estas familias cubren sus gastos, ahorran y no le deben nada a nadie.

No obstante, la mayoría de los seres humanos se ubican en las **finanzas promedio**, que tienen ahorros y deudas al día, aunque aspiran a tener finanzas sanas. Es un comportamiento cultural, incluso asumido por los gobiernos, y de dimensiones internacionales. Sin embargo, es parte del sistema financiero que existan los ahorros y las deudas como mecanismos de intermediación financiera. Este grupo debe ser cuidadoso de no pasar a las finanzas riesgosas.

Luego tenemos el grupo de personas con **finanzas riesgosas,** que son aquellas que, aunque pueden cubrir sus gastos, no tienen ahorros y se han empezado a atrasar en sus deudas, sean créditos o tarjetas. Su riesgo es que empiecen a endeudarse para ponerse al día, lo cual crea un efecto de bola de nieve. El no tener ahorros les expone a quedar indefensos ante una crisis inesperada o gastos imprevistos de mantenimiento o de salud, o a endeudarse para tener viajes de ocio o celebraciones.

Finalmente, tenemos el grupo de las **finanzas críticas,** las cuales experimentan quienes se encuentran en el peor escenario. Tiene que ver con deudas atrasadas, familias a quienes no les alcanza para lo básico y tienen cero ahorros. Sus finanzas están al rojo vivo, exponen a la familia a una situación muy vulnerable. Un grupo importante está cayendo en las finanzas críticas, ya sea por una situación externa como pérdida de empleo o por mala administración.

Pido a Dios que cuando usted comience a leer estas historias no pueda detenerse, y que le ayuden a tomar decisiones oportunas y pueda ayudar a otros.

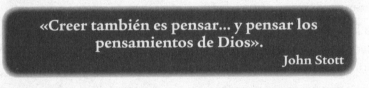

«Creer también es pensar... y pensar los pensamientos de Dios».

John Stott

Las enseñanzas de cada capítulo incluyen vídeos complementarios a los que puede accederse en línea aquí: www.editorialvida.com/tuminu

Alternativamente, puede utilizarse un teléfono avanzado con capacidad de leer el código QR que aparece a la izquierda.

PARTE 1

¿CÓMO SOY?
¿CÓMO ERES?

Capítulo 1

La historia de un comprador impulsivo

> *«Codicia es: yo quiero más, yo quiero lo mejor, no me voy a conformar con nada menos».*
>
> Larry Burkett

Cierto hombre, al que llamaremos Claudio, vino a mi consultorio y me dijo: «Javier, estoy acá porque soy un adicto a gastar. Cada vez que entro en un centro comercial no me puedo contener, y lo peor es que, cuando se me acaba el efectivo, uso mi tarjeta de crédito a más no poder. Formo parte de un club de adictos a las compras...».

Claudio es un comprador compulsivo en su máxima expresión. Sin embargo, una gran parte de la población lleva un pequeño Claudio dentro. Seamos sinceros, ¿alguien de su familia, o tal vez usted, es de las personas que van al supermercado a comprar «solo» pan, pero cuando llega a la fila voltea a ver su carrito del supermercado y no solo tiene pan, sino que lleva salchichas, huevos, calcetines, perfumes, algo para la casa, un antojo por aquí y otro por allá, algo para la suegra o algo para la mascota? Pues permítame darle una noticia, es como si un pequeño Claudio tomara el control dentro de usted. Quizá usted se pregunte: «¡Wow! ¿Cómo llegó toda esa mercadería a mi carrito de la compra si yo solo pasé a comprar pan?». No se preocupe, vamos a ver qué pasó en el proceso y, en otro capítulo, profundizaremos sobre la adicción en sí.

En los seminarios que he podido impartir, me he dado cuenta de que después de exponer la definición de personas gastadoras, más de la mitad de los asistentes reconocen ser compradores impulsivos. Muchos de ellos no lo sabían o no lo reconocían. Según el pionero de la educación financiera, Larry Burkett, «la codicia puede separar familias y amigos».[1]

Cuando se avecinan épocas de ofertas y promociones, es un momento crucial para que los compradores impulsivos se cuiden de no excederse y caer en problemas financieros.

Las compras impulsivas afectan a hombres como Claudio y a algunas mujeres por igual. A ricos y pobres, porque se ha convertido en parte de una cultura de consumo, donde se cree que hay que tener para ser feliz y esto se refuerza con la publicidad a la que nos vemos expuestos cada día en las calles, televisión, prensa y revistas.

«COMPRAR, DESECHAR, COMPRAR...» fue la filosofía que creó la sociedad de consumo y uno de sus precursores fue Brooks Stevens en los años cincuenta. Su visión era promover que el consumidor se sintiera insatisfecho con lo que tenía, para así comprar algo nuevo con renovado *look* y vender lo que tenía en el mercado de segunda mano. Tiene que ver con la duración de los productos, es decir, con su vida útil a fin de que tengan que renovarlos.

En este capítulo usted podrá darse cuenta de si es o no es un(a) comprador(a) impulsivo(a). Además, encontrará algunas ideas que puede considerar para evitarse dolores de cabeza y de bolsillo.

Todos hemos vivido en alguna ocasión un profundo sentimiento de angustia, incluso sin encontrarle explicación. Nos invade un vacío y una inquietud que no sabemos con qué lle-

---

1. *God is faithful*, libro devocional de Crown outreach partners (p. 24).

nar. Algo así experimenta el comprador impulsivo, pero con la urgencia de paliar esa angustia viendo aparadores, ofreciéndose a las palabras aduladoras y las sonrisas de los vendedores, que le hacen sentir bien. El engaño de que la adquisición de nuevos productos llenaría ese vacío se hace evidente al regresar a casa y comprobar que, además de ese hueco, hay que añadir ahora el sentimiento de culpa.

Numerosos psicólogos afirman que la necesidad de comprar para aliviar el descontento interior se explica por la gran insatisfacción que estas personas sienten. Creen que el vacío que su vida y su propia persona reflejan ha de ser llenado con una actividad que imprima sensación de plenitud, por efímera que sea. En efecto, en esos casos el cerebro segrega dopamina, que a su vez genera adrenalina, con el consecuente sentimiento de bienestar, pero es algo pasajero.

Quienes experimentan esto, al igual que Claudio, son compradores impulsivos. De acuerdo con estudios del comportamiento del consumidor, son personas que se dejan llevar por la vista y no por prioridades financieras o dinero disponible.

> «COMPRAR, DESECHAR, COMPRAR...» fue la filosofía que creó la sociedad de consumo y uno de sus precursores fue Brooks Stevens en los años cincuenta.

¿Los compradores compulsivos nacen o se hacen?

La respuesta a esta pregunta es que algunos compradores nacen impulsivos por su personalidad, mientras que otros se hacen compulsivos conforme pasan los años, aunque en un balance diríamos que más se hace que lo que se nace. En el caso de Claudio, llegó a ser compulsivo en sus gastos por una insatisfacción interna, que no siempre es fácil expresar y lo hace a través de las compras.

En un niño, desde los siete años puede determinarse si tiende a consumir más por impulso o por antojos. Basta con darle dinero para que compre unas galletas en un supermercado. Si va, compra y trae el cambio tiene autocontrol. Por otro lado, si al comprar las galletas le dan el cambio y piensa: «¿Qué más me compro?» y lo hace hasta que regresa a casa sin el cambio, tiene un comportamiento más compulsivo. Sin embargo, se estima que este comportamiento se desarrolla entre los quince y los veinte años y dura toda la vida, por lo que la persona debe aprender a manejar sus impulsos. De ahí la importancia de dar una crianza y educación financiera oportuna a los hijos para no formar compradores impulsivos en «potencia».

Normalmente, los hábitos de compra se desarrollan y modelan en casa. De tal manera que, si mamá es compradora impulsiva, puede criar hijos e hijas semejantes en las compras, pues inconscientemente les envía el mensaje: «Comprar es lindo, calma el corazón y me alegra». En esto hay que tener mucho cuidado, pues no todas las personas cuentan con el poder adquisitivo que les permita saciar sus deseos voraces de comprar, y pueden acudir al abuso de las tarjetas de crédito para saciar su sed de comprar.

> **Normalmente, los hábitos de compra se desarrollan y modelan en casa.**

Cómo saber si soy una persona compulsiva en las compras

Veamos al menos diez indicadores:

1. *Siente ansiedad, soledad y angustia.* «Estoy aburrida», se dice, y se deprime, entonces sale a ver vitrinas y, al comprar, esa ansiedad baja «temporalmente».

2. Es presa fácil de los vendedores u ofertas. Entra al supermercado o la tienda por una cosa y sale con muchas otras más. Le cuesta decir «NO». Puede ser que la persona diga: «¡Qué excelente promoción obtuve para este viaje o vestido!», con lo cual busca autojustificar su compra.

3. Comprar se vuelve «un vicio» hasta más no poder. «Quiero esto y esto, y esto otro». Cada vez quiere comprar más y más, y no pone límites claros en sus compras, pues no tiene claro hasta dónde es suficiente.

4. Busca reconocimiento al comprar en la tienda: «¡Wow! ¡Mira todo lo que compré!» dirá alguna persona; o «¡Qué linda blusa, se le ve preciosa!», le afirma la vendedora, con lo cual busca llenar su vacío de autoestima, comprando para sentirse bien.

5. Busca pretextos para gastar. Todas las semanas compra algo y siempre estrena alguna prenda, su ropero está lleno. Especialmente si ve publicidad que promueve ofertas o 2x1, con lo cual aumenta la frecuencia de visitas al centro comercial y luego no puede parar.

6. Se siente mal cuando no tiene dinero para comprar, y negocia con frases como: «Disculpe, ¿me puede ofrecer un descuento?». Cuando hay limitaciones financieras se puede deprimir y aumentar poco a poco su riesgo de utilizar mal las tarjetas de crédito.

7. Se olvida de los gastos prioritarios, pues se apresura a comprar o viajar sin pensar si tiene que cubrir una necesidad básica, y luego se siente mal si gastó innecesariamente, sobre todo si compró algo sumamente caro. Por ejemplo, algunos síntomas visibles son que puede ser que olvide pagar el recibo del teléfono, el recibo de la electricidad, la comida de casa o la medicina de su hijo por irse a comprar ropa.

8. No suele buscar consejo para decisiones financieras, por temor a que le digan NO, evadiendo el problema. Es decir, evita oír lo que sabe puede ser un límite para su impulsividad.

9. *Casi no tiene ahorros,* pues para esa persona la vida «es ahora», lo cual trae más riesgo en caso de emergencias, por no contar con ahorros.

10. *Se endeuda para comprar, comprar y comprar.* Tiene que ver con el abuso de las tarjetas de crédito o compras a plazos o por catálogo. Su compulsividad sobrepasa su capacidad de ingresos y pone en riesgo su estabilidad financiera.

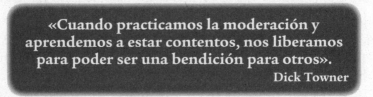

«Cuando practicamos la moderación y aprendemos a estar contentos, nos liberamos para poder ser una bendición para otros».
Dick Towner

Riesgos de ser una persona compulsiva en las compras

- Puede ser el síntoma de un problema emocional más profundo.
- Puede exigir a su pareja o su familia más allá de su capacidad financiera.
- Puede endeudarse más allá de lo que sus ingresos pueden cubrir.
- Puede convertirse en una adicción.

Seis pasos para saber tratar a una persona compulsiva en las compras:

1. *No criticarla.* Ofrézcale ayuda y sobre todo su amistad. Sería beneficioso acompañarla cuando están cerca de las tiendas o supermercados y hacerle algunas preguntas, tales como: ¿Lo necesitas? ¿Puede esperar? ¿Tienes otra prioridad?

2. *Reforzar su autoestima y manejo de emociones.* Ayudarle a descubrir que es una persona valiosa por lo que «es» y no por lo que «compra». A veces puede requerir ayuda de un consejero o psicólogo para tratar el tema de fondo.

3. *Ayudarle a aprender del pasado.* ¿Qué consecuencias le trajo ese comportamiento compulsivo en el pasado? La persona debe revisar su estado de endeudamiento de la tarjeta o con otros acreedores que le tienen «hundido» en un mar de deudas producto de su impulsividad. Una forma es recomendarle participar en grupos de apoyo con personas que atraviesen situaciones similares.

4. *Sugerirle no andar con mucho dinero en efectivo y no tener tarjetas de crédito hasta que controle sus impulsos.* Está comprobado que las personas compulsivas pueden comprar hasta un 35% más de lo que «pueden» cuando utilizan tarjetas de crédito.

5. *Ayudarle a fomentar y cambiar hábitos de consumo riesgosos.* Motivarle a que elabore un presupuesto de gastos mensual y que se mantenga dentro de su plan. Advertirle que debe cuidar sus ojos (lo que ven) y cuidar sus pies (dónde entran) pues la mejor manera de no caer en tentaciones financieras es no pasar por lugares que pueden tentarle a gastar sin necesidad.

6. *Recomendarle seguir un tratamiento para ayudarle a tratar posibles casos de neurosis compulsivas.* Las personas compulsivas, por lo general, enfrentan frustraciones personales, especialmente cuando ven que su bolsillo no les permite tener lo que otras personas poseen. En este proceso, la familia debe ser su principal soporte —sea su cónyuge o sus padres o sus hijos—, deben brindar ánimo y palabras de afirmación que refuercen el progreso que esta persona desarrolla. Por ejemplo: si baja su consumo de ropa hay que felicitarla. Si la persona solía comer fuera de casa y eso le llevaba a gastar demasiado y ahora ha reducido ese hábito, también debe motivarle por esos logros.

Entendemos adicción como: «Una enfermedad primaria que afecta al cerebro, constituida por un conjunto de signos y síntomas característicos. El origen de la adicción es multifactorial involucrándose factores biológicos, genéticos, psicológicos, sociales y espirituales. La adicción es una enfermedad tratable y la recuperación es posible».[2] Si la persona es adicta a las compras, esta definición conlleva la esperanza de que pueda ser tratable y superable, ya que la persona no tanto disfruta la compra como el proceso de comprar, cayendo en excesos riesgosos y desmesurados, que hasta podrían considerarse irracionales.

> **La adicción suele ser un impulso que uno siente que no puede controlar y puede poner en riesgo a quienes amamos.**

Dentro de los síntomas de que la compulsividad se está volviendo una adicción se deben observar con cuidado comportamientos en los cuales el sujeto se siente triste, deprimido o enojado, lo único que lo tranquiliza es ir de compras, pierde todo control de su voluntad e incluso se vuelve una persona misteriosa.

¿Sabía usted que un estudio, realizado en España, dice que uno de cada tres adultos tiene problemas de autocontrol en las compras? Sin embargo, esto no solo sucede en ese hermoso país. Una pareja hispana me decía: «Fuimos a comprar tinta, que costaba 60 dólares, para la impresora, y al final salimos con un mueble en oferta a 600 dólares que compramos con tarjeta de crédito, pues pensamos que se vería bonito en casa; no podíamos dejar pasar la oportunidad».

Esta es una típica compra compulsiva, donde las personas buscan autojustificar su gasto innecesario, pese a que tenían otras prioridades de reparación en casa que debieron postergar.

---

2. http://www.adicciones.org/enfermedad/(accesible julio 2013).

Muchas personas alimentan este riesgo al ir, incluso en familia, a fantasear con lo que ven aunque no tengan nada que comprar. El principal problema es que la persona no pone límites a sus deseos de compra y no mide otras necesidades antes de realizar una compra.

Es decir, cuando está frente a lo que desea se le nubla la mente y pierde de vista las necesidades «reales», por las cuales trabaja y gana su salario, como pagar la vivienda, la renta, comprar comida y cubrir gastos de transporte y salud, entre otros. Estudios de Estados Unidos hicieron un seguimiento de los compradores en un supermercado para analizar su comportamiento, y notaron que, por ejemplo, una persona adicta al licor llegaba a ese pasillo e invertía más tiempo para elegir que el que dedicaba en el pasillo de la leche, pues en su radar de «selección», al fijar su mente en lo que le da adicción, pierde la noción de gastos más valiosos para la salud, como la comida.

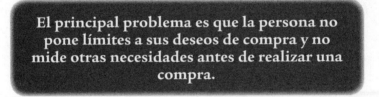

El principal problema es que la persona no pone límites a sus deseos de compra y no mide otras necesidades antes de realizar una compra.

Hay varios elementos que debemos tener en cuenta en cuanto a las compras adictivas:

En primer lugar, se guían por la vista y no por la lista. Se estimula con el olor a nuevo. Recorren los pasillos viendo, viendo y viendo. Luego tocando, luego revisando precios.

En segundo lugar, son 100% emocionales, no racionales. La decisión de compra se hace con el corazón y fuertes deseos compulsivos, y no con la razón. Tratamos de convencer a nuestra cabeza de que esta es una oportunidad por precio, momento y características del producto.

En tercer lugar, sin importar la época del año, la persona siente que no puede «aguantarse» la supuesta oportunidad. Surge un sentido de urgencia donde el sujeto no se puede abstener: **«Si no lo compro ahora, no lo compraré nunca».** Y tratamos de buscar por todos los medios justificar que lo NECESITO. Si se ve «barato» se compra aunque no se necesite.

RESULTADO: La persona adicta a comprar pierde el autocontrol y no puede dominar sus deseos, sino que los deseos la dominan. En otras palabras, los adictos a las compras no tienen deseos, sus deseos los tienen a ellos.

Siete pasos que puede dar para salir de ese problema:

1. *Antes de salir de compras, elabore un presupuesto de lo que puede gastar, de acuerdo a sus necesidades, y no sobrepase su plan de gastos.* Sin embargo, si necesita algún producto nuevo deténgase para evaluar si lo necesita y considere la utilidad que puede generarle y, si no la tiene, desista de su intención inicial. Recuerde las preguntas: ¿Lo necesito? ¿Puede esperar?

2. *Compre en efectivo.* Evite el uso de tarjetas. Llevar el efectivo que sabe que va a emplear le permitirá tener un dominio más específico en el momento de hacer un gasto y/o una compra innecesaria, por ello su consumo será más controlado.

3. *Busque alternativas de recreo,* y retome, si es el caso, actividades y/o aficiones donde no gaste dinero y que, a su vez, le permitan pasar un buen tiempo con amigos o familiares. Normalmente, la persona requiere de amistades y familia para compartir y pasar el tiempo, para evitar al principio estar solo y caer en la tentación.

4. *No se precipite, aprenda a negociar con su voluntad.* La persona debe negociar consigo misma cada vez que se vea al frente de una tentación financiera. Si ve algo que le gusta no lo

compre de inmediato, espere. Haga su lista de la compra y luego pida a su cónyuge o familiares que le marquen lo que piensan que es innecesario. Antes de comprar pregúntese si es algo ÚTIL y realmente NECESARIO. Siempre que realice su compra diaria, haga una lista y apéguese a ella. Si se ve tentado a comprar piense en las cosas que ha adquirido por impulso y que luego no usa. Siempre, pregúntese antes de comprar: ¿Compré ya la comida? ¿Pagué la electricidad? ¿Hay algún gasto que no he cubierto?

5. *No vaya de compras como «pasatiempo».* Si se siente triste o deprimido converse con alguien, pero no se desahogue con las compras. Aproveche el tiempo leyendo, compartiendo con sus amistades un café en casa, o visitando a algún familiar. Recupere pasatiempos que dejó de practicar, deportes o algún *hobby*, cultive nuevas amistades. Aunque vea algo que le gusta no se detenga a verlo; pase de largo, evite la segunda mirada.

6. *Libérese y desintoxíquese de la adicción a las compras.* Si una persona está habituada a comprar en exceso, todo cambio de hábitos debe ser sustituido por algo, y tomará tiempo, pues los expertos dicen que todo cambio requiere mínimo varios días para convertirlo en un hábito, lo cual no lo imposibilita a empezar hoy mismo, y mientras se abstiene de comprar puede hacer varias cosas:

- No postergue compras o inversiones necesarias, si no gastará en lo innecesario.

- Converse con personas cercanas de su nuevo propósito y su meta de ser una persona moderada.

- Regale, venda o done artículos que compró y que no utiliza, esto le ayudará al desapego a lo material.

- Lea artículos sobre las finanzas personales.

- Deliberadamente, dé un destino sabio al dinero que solía gastar impulsivamente, por ejemplo: ahorrar, ayudar a otros, pagar las deudas de las compras impulsivas.

7. *Busque ayuda profesional y espiritual,* la persona con adicción requiere de apoyo externo. Por ello, hable de su problema con personas especialistas que le puedan dar terapia, dentro de su entorno, y con personas que lo hayan superado, y considere asistir a grupos de apoyo.

Antes de comprar pregúntese si es algo ÚTIL y realmente NECESARIO.

Principio de sabiduría:

No todo me conviene

«"Todo está permitido", pero no todo es provechoso. "Todo está permitido", pero no todo es constructivo».[3]

En realidad, las personas tenemos la libertad de actuar acorde con nuestros valores. Sin embargo, no necesariamente lo que hagamos es de provecho. Por tanto, debemos asegurarnos de que lo que hacemos esté permitido, va a ayudarnos y es constructivo.

Como vemos, usted puede o bien ir a los centros comerciales o tiendas, o bien hacer compras por Internet, pero eso no siempre le beneficiará. Usted puede darse el permiso de comprar televisores de último modelo o tecnología, incluso viajar cuando su dinero se lo permita, pero no siempre va a ser de provecho para su familia ni sus finanzas.

En vez de acumular ¡despréndase!

«¡Tengan cuidado! —advirtió a la gente—. Absténganse de toda avaricia; la vida de una persona no depende de la abundancia de sus bienes».[4]

Jesús

---

3. 1Co 10.23. 4. Lc 12.15.

Alguien dijo que el dinero no es la felicidad, que la felicidad es gastarlo. ¡FALSO! La verdadera riqueza y felicidad no es externa sino interna. Quienes gastan y gastan, acumulan y acumulan, no se sacian. Nuestra sociedad hispana ha ido adoptando patrones de consumo que han rayado en los excesos. Si tengo diez camisas, quiero más; si tengo seis pares de zapatos, quiero más; si tengo un aparato electrónico, quiero más; si nuestros hijos tienen juguetes, les damos más; si nuestros hijos quieren ropa aunque tengan suficiente, les damos más, y vamos creando una cultura de familia de acumulación, de impulsividad y de falta de autocontrol o dominio propio, que también conocemos como fuerza de voluntad. La sociedad moderna insta y nos reta a tener más y más, y con la oferta de productos nos invita a comprar lo último en la tecnología, lo último en la moda y lo último en la novedad.

Adán y Eva estaban desnudos al principio, no tenían todo lo que las familias hoy buscan acumular. El principio nos invita a evitar la avaricia y abstenernos, es decir, evitar a toda costa la avaricia. Propóngase ser una persona desprendida, sin avaricia de tener abundancia de bienes y disfrute lo que ya tiene sin codiciar lo que no tiene, pues la vida no consiste en la abundancia de bienes que se posee. Nótese que no dice que sea malo tener bienes o pertenencias, lo que dice es que la vida, o el éxito, el fin último de la felicidad no lo determina la cantidad de bienes acumulados. Por ello, si le asaltan sentimientos de impulsividad, recuerde que acumular no es una meta que vale la pena. Más adelante le daremos otros motivos sanos de cómo invertir su dinero.

En el tema de adicción a los gastos, usted debe ser consciente de que el autocontrol depende de usted, pues no siempre va a tener alguien cerca para detenerle de gastar innecesariamente o endeudarse, de ahí la importancia de reconocer que, aunque puede hacer muchas cosas, no todas van a ser provechosas.

En temas de gastos, por eso, cada uno debe reconocer cuáles son los que más le atraen o seducen. En los talleres de finanzas saludables, las personas mencionan diferentes temas que los tientan financieramente. Para algunas es tentación comprar ropa, para otras zapatos, hay quienes no resisten estar frente a los artefactos electrónicos sin comprarlos, hay quienes son seducidos por cosas para el automóvil, o artículos para el hogar, o comer fuera. Entonces, si usted sabe qué lo atrae para gastar —aunque le es permitido o lícito ver y entrar en ciertos lugares— recuerde lo que no es conveniente para usted, pues puede caer en la trampa de sus deseos.

Hace mucho leí en un libro, que tenía mi hermano Freddy, acerca de la tentación. Mi hermano Freddy falleció en el año 1989 a la edad de 28 años, de una enfermedad que tenía desde niño, justo mientras planeaba casarse; ese tiempo fue muy doloroso, pero Freddy era una persona muy espiritual, desde muy joven leía mucho las Sagradas Escrituras y le gustaba orar y ayudar a las personas. En uno de sus libros, acerca de la tentación, leí una frase que decía: «Para no caer en tentación, evite entrar en lugares que sabe lo tientan y, si por algún motivo entra, evite caer en la tentación y retroceda». Vale la pena tomar ese consejo para no caer en lo que no nos aprovecha.

DESAFÍO:

Si usted se identifica con esta situación, converse con su familia al respecto.

Busque ayuda para que le orienten sobre cómo salir adelante.

Haga un compromiso de autocontrol progresivo para evitar comprar compulsivamente y de buscar ayuda para salir de la adicción.

Redacte un compromiso de autocontrol progresivo, algo así:

A partir de hoy no me voy a dejar dominar por mis impulsos de gastar. Soy dueño de mi voluntad, y decido lo que es mejor para mi vida y mi familia. Seré paciente y ahorraré para comprar. Decido abstenerme de gastar impulsivamente. Decido aprender a decir «no» a lo que NO necesito. Decido ahorrar para el futuro. Decido valorarme a mí mismo por lo que soy y no por lo que tengo. Me convertiré en una persona moderada en las compras y no voy a endeudarme para comprar deseos y caprichos. Hoy decido ser feliz con lo que soy y Dios me da diariamente.

Léalo cada día.

/ / /

EJERCICIOS DE EVALUACIÓN

Evalúe su personalidad financiera. Marque con X si es (A) o (B).[5]

–¿Se considera usted gastador o ahorrador?

A. El gastador compra compulsivamente.

B. El ahorrador guarda para comprar.

–¿Se considera usted arriesgado o evita-riesgos?

A. El arriesgado se aventura al gastar, invertir o endeudarse y puede perder de vista las consecuencias.

B. El evita-riesgos consulta antes de decidir y es conservador al gastar.

Nota: Los arriesgados pueden ganar excelentes oportunidades pero también pueden ir más allá poniendo en riesgo sus finanzas.

–¿Se considera usted despistado u ordenado?

A. El despistado olvida pagar recibos y cuentas, y no lleva las cuentas de sus gastos o deudas.

B. El ordenado lleva un buen control de gastos y paga puntualmente.

---

5. Concepto adaptado de Scott y Bethany Palmer, *El dinero y la sensibilidad* (Lake Mary, Fl: Casa Creación, 2007).

Análisis:

Alto Riesgo: Si usted tiene al menos dos o más (B) debe ponerse límites y está en riesgo de convertirse en comprador impulsivo con peligro de entrar en el umbral de una crisis financiera en cualquier momento. Especialmente si es gastador y arriesgado u olvidadizo, pues se puede endeudar e incluso olvidar las fechas de pago.

Riesgo Medio: Si usted marcó una (A) y dos (B) puede tomar pasos para mantener el equilibrio financiero sin caer en problemas financieros. Ya que dos (B) les pueden ayudar a cuidar sus decisiones financieras.

Bajo Riesgo: Si usted marcó todas las respuestas como (B) y mantiene esa disciplina, tiene poco riesgo de caer en excesos, pero también debe cuidar no convertirse en una persona "avara" a la que solo le gusta acumular, o "tacaño" con usted y su familia.

−Identifique las consecuencias de hábitos o decisiones compulsivas que usted haya tomado. Pregúntese: ¿Tengo dinero o el dinero me tiene?

−¿Sentimos que como pareja o familia podemos complementarnos de acuerdo a nuestra personalidad financiera, sea de gastador o ahorrador?

−Haga un plan de autocontrol financiero.

Capítulo 2

¡Cuidado! Ahí vienen los olvidadizos

«Frecuentemente, la gente en apuros financieros quiere una solución rápida a un problema profundo».
Chuck Bentley

« ¿Qué hice con la sombrilla? La perdí de nuevo, ahora tengo que comprar otra». «¿Alguien ha visto el cortaúñas?». Si es de las personas que se identifica con estos ejemplos, este capítulo es para usted, o bien le va a ayudar para apoyar al miembro olvidadizo de la familia.

Siempre hay personas despistadas en la familia, a quienes se les olvida casi todo, y otras son más ordenadas y pueden ayudar a los olvidadizos en lugar de culparlos o etiquetarlos.

Debo reconocer que a veces soy algo olvidadizo; suele pasar cuando tengo muchas actividades que realizar.

Estas características se dan por diversos motivos. En ocasiones están relacionados con el temperamento de personas poco estructuradas, un tanto despistadas, que pierden objetos como el cortaúñas y van rápidamente a comprar otro. El lado opuesto son las personas muy ordenadas y estructuradas, rigurosas, que todo lo anotan y lo planifican. Difícilmente se salen del libreto de sus planes, lo cual no pasa con los desestructurados, que tienden a improvisar, ser espontáneos y, a veces, olvidadizos. Las personas olvidadizas gastan más dinero de la cuenta por despiste, y muchas veces lo hacen innecesariamente para reponer objetos perdidos por su distracción o poca atención a sus pertenencias o detalles. Y no faltaría a quien le cobren dos veces la misma cuenta, pues no recuerda si había pagado o no, y peor aún si no lleva registro de cómo utiliza su dinero.

Consecuencias financieras de la mala memoria

Si a usted le han pasado en una buena cantidad de ocasiones varios de los siguientes ejemplos, medite si su mala memoria no le está pasando una cara factura a su presupuesto familiar:

- ¿Ha perdido gafas de sol costosas?
- ¿Ha perdido abrigos?
- ¿Ha olvidado pagar los recibos de electricidad, teléfono, cable, Internet o agua y se añade el costo de las morosidades innecesarias?
- ¿Ha olvidado el almuerzo y gasta más dinero en comprar algo fuera que es más caro y se desaprovecha el almuerzo ya preparado?
- ¿Ha extraviado las llaves del auto o de la casa, ocasionando pérdida de tiempo y el pago de un cerrajero que le ayude a solucionar la situación?
- ¿Ha olvidado los pagos de las tarjetas de crédito que le generan cobros por morosidad e intereses extra? Este es un grave problema.
- ¿Ha olvidado computadoras portátiles? Este es uno de los olvidos más caros, ya que su costo es elevado y reemplazarla requiere un gasto grande.

– ¿Ha extraviado su teléfono móvil y le ha generado gasto por comprar otro aparato?

– ¿Ha olvidado a quiénes les prestó libros? Los libros son una inversión y perder la inversión en conocimiento genera una pérdida significativa.

– ¿Ha extraviado paraguas o sombrillas constantemente?

– ¿Ha perdido alhajas? (Anillos, relojes, pulseras, collares).

– ¿Cuántos anillos de matrimonio ha perdido? Cynthia y yo los perdimos y tuvimos que hacerlos de nuevo.

– ¿Ha pedido prestado a un amigo y olvidó pagarle? Esto le puede hacer perder la invaluable amistad de esa persona.

– ¿Ha olvidado algo en casa y tiene que volver a recogerlo? Con estas acciones pierde tiempo en tomar un autobús de regreso, o bien en su vehículo, aumentando sus gastos en gasolina o en un taxi.

– ¿Ha perdido la cartera, billetera o monedero? Y peor aún, ¿con dinero o tarjetas?

Agreguemos, además, que la situación se agrava con los hijos, ya que ellos copian el comportamiento de sus padres, por lo que es posible que ellos también resulten ser un poco descuidados y pierdan la lonchera de la merienda, los cuadernos, libros, calculadoras, o su ropa contra la lluvia.

Si quiere mejorar por su bienestar y el de su familia, tome nota de los siguientes consejos que le ayudarán a evitar que parte de su dinero se filtre por esas pequeñas pérdidas que minan su presupuesto de forma silenciosa.

Algunas ideas para considerar:

1. Haga una lista de todo lo perdido y el precio aproximado de cada objeto, esto le ayudará a darse una idea de la gravedad del problema.

2. Ejercite su memoria. Todos tenemos buena memoria, solo algunas personas con enfermedades muy específicas pueden padecer médicamente de mala memoria. De ahí que podemos buscar formas de mejorar «usando calendarios» o agendas en la computadora.

3. No se fíe de usted. Si aún no ha logrado mejorar su memoria, pague inmediatamente la tarjeta de crédito y los recibos, mediante pagos automáticos, o agregándolo en su agenda.

4. Anote a quién prestó o quién le prestó, así cuando necesite recordar podrá acudir a sus anotaciones y ahorrar dinero de esta manera.

5. Busque ayuda. Si es urgente y se quiere asegurar de recordar algo importante, pídale a alguien que le cubra las espaldas. Por ejemplo, pida colaboración a su asistente, si tiene alguien que le ayuda en el trabajo, o a su pareja.

6. Tenga un lugar fijo donde guardar las cosas. Sean llaves, alhajas, relojes, gafas o el cortaúñas, así sabrá siempre dónde están y no gastará innecesariamente su dinero volviendo a comprarlos.

7. Busque bien antes de gastar de nuevo en las gafas de sol. Hay personas que tienen pereza de buscar y prefieren comprar nuevamente el artículo en lugar de hacer memoria y recuperar lo extraviado.

8. No discuta ni culpe a nadie. Es su responsabilidad el saber dónde están sus pertenencias, así que no intente descargar la culpa en alguien más, admita su defecto y haga algo por mejorar; su familia, amigos y su billetera lo agradecerán.

9. No descuide sus pertenencias cuando va a hacer un mandado o diligencia. No pierda de vista su monedero, o bolso en el supermercado, o su tarjeta de débito o crédito en la tienda, o mejor aún si siempre recuerda retirar su tarjeta de crédito en un Cajero Automático (ATM) o al pagar el combustible.

10. *Use una agenda,* escrita o electrónica, donde anote el pago de sus recibos o deudas para que no lo olvide y evite el pago de intereses moratorios, y apóyese en algún familiar o su cónyuge para llevar un control de los pagos.

Existen muchas formas, tales como ejercicios y vitaminas, para mejorar la memoria. Si usted tiene una memoria poco ejercitada gastará mucho dinero en estar reemplazando una y otra vez sus pertenencias. Para su mejoría y su bolsillo, procure superarse e invertir el dinero en aquello que es realmente importante.

Principio de sabiduría:
¡Cuidar y honrar!

«Honra al Señor con tus riquezas [bienes] y con los primeros frutos de tus cosechas; así se llenarán a reventar tus graneros y tus depósitos de vino».[6]

Permítame brindarle otra perspectiva de la palabra *honrar,* la cual tiene que ver con cuidar la forma en que administramos, usamos y protegemos lo que Dios nos da, y que tanto nos cuesta obtener, fruto de nuestro esfuerzo.

No solo cuando extraviamos pertenencias o nos retrasamos en los pagos dejamos de honrar a Dios con nuestros bienes, sino que también sucede cuando las personas no damos mantenimiento adecuado y oportuno a los bienes que poseemos, como los electrodomésticos, el auto, los muebles, entre otros, y dejamos que se deterioren por falta de llevarlos a revisión, o descuidamos cambiar el aceite del vehículo, o la pintura de la casa.

Por otro lado, no usamos nuestros bienes para honra cuando se utilizan para alimentar una relación ilícita con

---

6. Pr 3.9-10 (DHH).

nuestro teléfono móvil o celular, o al utilizar la computadora para ver pornografía, o usar las redes sociales como Facebook para tener relaciones ilícitas o tentadoras, o al usar el auto para ir a lugares indebidos, o al malgastar dinero para satisfacer vicios o adicciones, hurtos o negocios delictivos que afectan la vida familiar, o al olvidar que el dinero es para cubrir lo más necesario y proteger a la familia, antes que para gastar en lujos innecesarios.

Dios espera que lo honremos con nuestro negocio, salario y posición. Y hay una bella promesa de que Dios va cuidar de usted y los suyos. Cuando menciona que «se llenarán a reventar tus graneros», tiene que ver con bienestar económico. Más adelante veremos que Dios también observa lo que hacemos cuando los graneros están llenos... y tenemos abundancia.

Desafío:

– Vigile y mantenga cerca sus pertenencias, sus tarjetas y dinero dondequiera que vaya.

– Pague sus cuentas y deudas a tiempo.

– Anote y guarde los recibos de todos los pagos, especialmente de aquellos de los que puede reclamar garantía en el futuro.

/ / /

EJERCICIOS DE EVALUACIÓN

- Haga una lista de objetos perdidos y que ha tenido que comprar de nuevo. Además, calcule cuánto gastó en eso y cuánto dinero perdió.

- Recuerde cuántas veces pagó intereses de morosidad por olvidar un recibo.

- ¿Le han cortado un servicio como la electricidad o el teléfono por olvidar su pago?

Capítulo 3

¿Influye el amor en el dinero?

«El dinero sólo puede comprar cosas materiales, como alimento, ropa y vivienda. Pero se necesita algo más. Hay males que no se pueden curar con dinero, sino sólo con amor».

Madre Teresa

«Dime cuánto me das y te diré cuánto te amo», suena chistoso, pero es una expresión que no siempre se dice aunque a veces se piensa. Sobre todo al dar regalos en el día del amor, en el aniversario, en un cumpleaños o en Navidad. Este tema del amor y el dinero lo abordaremos con pinzas en este capítulo.

Cuando una pareja se casa legalmente y ante Dios, y se prometen estar juntos toda su vida, les da la seguridad necesaria para emprender proyectos a largo plazo, como comprar una vivienda. Por otro lado, cuando se habla de parejas y relaciones familiares, uno se pregunta hasta dónde influye el amor en el dinero o el dinero en el amor.

Conocí a cierta pareja, ambos microempresarios de familias de condición económica humilde, que iniciaron sus negocios y conforme prosperaban empezaron a cambiar su estilo de vida al ver prosperidad, como en la época de las vacas gordas. Compraban el auto del año, construyeron un casa de cientos de miles de dólares, viajaban al exterior para comprar su ropa y tomarse vacaciones, es decir, empezaron a llevar una vida de lujos. Su único olvido fue hacerse de un ahorro constante por si las vacas flacas tocaban a su puerta. Efectivamente, años después sus negocios empezaron a decaer, los ingresos ya no eran los mismos y tuvieron que vender casi todos sus negocios, quedando descubiertos y debilitados financieramente. Finalmente, perdieron su casa, sus negocios, sus vehículos, sus hijos tuvieron que cambiar de educación privada a la educación pública del pueblo donde vivían, y lo peor es que su relación de matrimonio se vio totalmente afectada.

No podemos juzgar las razones de su distanciamiento, pero sí pude ver que la crisis financiera les había afectado, pues ya como pareja no podrían llevar el mismo estilo de vida. Me surge la pregunta: ¿Si su bonanza financiera hubiera continuado en las vacas gordas, estarían aún unidos? Si la respuesta es «sí», quiere decir que esta pareja no estaba al cien por ciento fortalecida para soportar los vientos de crisis, pues las parejas están para vivir en las buenas y en las malas.

Existe el dicho popular de que «cuando el dinero sale por la puerta, el amor escapa por la ventana». Esto no tiene por qué ser así. Hay bendición en estar casados, pues mejores son dos que uno, como decía el sabio Salomón. Por otro lado, hay estudios que han demostrado que las parejas tienen más probabilidades de vivir mejor en sus finanzas, y aun se dice que viven más años porque cuidan el uno del otro, tanto con su dieta como con su salud como en el apoyo al pasar momentos de tristeza, entre otras cosas.

Esta afirmación surge porque las parejas se unen no solo en sus finanzas, sino que comparten sus talentos, capacidades y proyecto de vida. Normalmente tienen más oportunidad de acceder a una casa, dados sus ingresos, o de vivir más confortablemente. Sin embargo, pese a que ese debería ser el ideal, muchas parejas ven deteriorada su relación cuando se deterioran sus finanzas.

> **Existe el dicho popular de que «cuando el dinero sale por la puerta, el amor escapa por la ventana». Esto no tiene por qué ser así.**

Mitos y realidades

Abordaremos el tema de las finanzas y el amor en la pareja de una forma diferente. Vamos a plantearle siete mitos y los calificaremos como **Mito** o **Realidad**.

· **Mito o realidad 1.** *Invertir en una mejor casa, un auto o en viajes, hace que su relación de matrimonio sea más estable y duradera.*

La respuesta es **Mito**. Mi madre me comenta cómo ellos (papi y mami) al principio, aunque no contaban con todos los lujos cuando vivían modestamente en la zona rural, estaban muy unidos, incluso me cuentan que nos llevaban a mí y a mis hermanos a tomar una ducha a un cristalino río en esas épocas cuando las limitaciones tocaron nuestras puertas. La estabilidad de la pareja no depende únicamente de la prosperidad material. Muchos hombres y mujeres buscan fundamentar su relación de pareja con lo que llegan a tratar como «trofeos financieros», pues se exhiben como parte de una época de bonanza financiera de la pareja e invierten su dinero en autos, viajes y casas lujosas en barrios más costosos.

En algunos casos, tristemente, muchos de estos «trofeos financieros» no evitan que las familias puedan caer en crisis matrimonial y, cuando entran en ella, terminan vendiendo los trofeos que tanto les costaron y que una vez gozaron con tanta ilusión. Algunos matrimonios son capaces de superar estas crisis y otros no.

En todos los países hay gran número de familias que deben devolver sus viviendas y autos. En la mayoría de los casos, al ver que no pudieron pagarlos, se separaron y disolvieron su matrimonio.

¡Tenga cuidado!

Puede ser un error comprometerse como pareja con una hipoteca si la relación no es estable, o si hay desconfianza o si no se ha formalizado la relación. Esto por cuanto las deudas de hipotecas usualmente son a largo plazo, entre quince y treinta años, por lo que las parejas deben estar seguras de su estabilidad para que una inversión de esta naturaleza no venga a desestabilizarles aún más. Cuando la pareja no es estable, tarde o temprano se abandonan los proyectos conjuntos y las familias son heridas.

Hay parejas que dicen «Necesitamos un espacio juntos» y de esa manera justifican viajes costosos, lo cual no siempre resuelve la raíz del problema de su relación. Si bien puede ayudar, es una especie de placebo matrimonial.

Como recomendación, disfruten su relación por lo que son y no por lo que tienen.

· **Mito o realidad 2.** *Las decisiones financieras afectan el futuro de las parejas y las familias.*

La respuesta es **Realidad**. Evitar el tema de las finanzas no solo es un gran error, sino el inicio de un fracaso económico que puede traer consecuencias personales; no tomar tiempo para planear las finanzas familiares atenta contra el desarrollo de una familia. Tuve un jefe en uno de mis primeros trabajos que solía decirme: «Javier, más vale un tiempo de revisión que años de corrección». La toma de decisiones requiere de tiempo, pues puede impulsar a la familia o meterla en una travesía de estrés financiero inusual.

Entonces, ¿podríamos decir que las decisiones financieras afectan el futuro de una pareja o familia? ¡Desde luego que sí! Las decisiones que tomen hoy serán una bendición para el futuro o un obstáculo para lograr sus metas personales y matrimoniales.

Por ejemplo, si usted decide ahorrar e invertir en la compra de una vivienda, puede reducir el monto de la hipoteca. Si decide ahorrar para la universidad de sus hijos, usted va a aliviar la carga financiera durante la universidad de ellos. Si usted decide invertir en un buen plan para su pensión, podrá disfrutar de forma digna los años de su retiro. Si usted decide comprar una casa o una propiedad, podrá ver cómo aumenta su valor o plusvalía. Si usted toma buenas decisiones financieras, seguramente va a gozar de las buenas acciones que realizaron en su momento.

Lo que queremos decir es que no solo importa ahorrar o comprar una propiedad, sino que es de suma importancia prever para el futuro. Las personas que deciden ahorrar consistentemente en el tiempo e invierten cumplen con la ley de la «siembra y la cosecha», ya que van a cosechar en el futuro lo que han sembrado con mucho esfuerzo y sacrificio. Quienes deciden invertir en propiedades van a dejar sus bienes en herencia a sus hijos. Quienes deciden invertir en negocios, irán delegando sus empresas a las nuevas generaciones, pues, una vez que usted ya no pueda decidir o deba partir con el Señor, serán ellos, sus hijos, quienes decidirán.

Por lo tanto, decida bien hoy lo que va a hacer con sus finanzas mañana, y en qué va a invertir hoy para que tenga un mejor mañana, para que tanto usted como su pareja y su familia tengan una vejez tranquila y digna.

> **Si usted toma buenas decisiones financieras, seguramente va a gozar de las buenas acciones que realizaron en su momento.**

· **Mito o realidad 3.** *La mayoría de las parejas y familias han experimentado limitaciones financieras.*

La respuesta es **Realidad**. En encuestas que hemos realizado en nuestro programa Finanzas con Propósito, más de la mitad de las personas afirman que ya sea en sus familias de origen o en su familia actual se han visto limitadas en sus finanzas personales, algunas por haber enfrentado crisis o por sentir que no han logrado tener o hacer todo lo que quisieran o desean.

Hogar dulce hogar...

De acuerdo con una encuesta internacional *Can't buy me love* (No me puede comprar amor) realizada por PayPal, la recesión económica acontecida años atrás fue la causa por la que en Australia, Estados Unidos y México existieran más discusiones por dinero en los hogares.

Según ese estudio, hoy en día hay más temor a perder el empleo que antes. Más de la mitad de las parejas ha tenido problemas financieros. Esto nos hace ver lo reales que son los votos matrimoniales que hacemos al casarnos cuando juramos estar juntos en las buenas y en las malas, en la pobreza y en la riqueza.

¿Por qué son importantes los votos? Porque es sabido que en algún momento las familias pueden atravesar por problemas financieros de diferente índole, despido del trabajo, exceso de endeudamiento, mal uso de las tarjetas de crédito, problemas de los negocios familiares o algo fuera de control, como un desastre, una enfermedad, un negocio fallido, una muerte no esperada o un accidente.

«Los problemas relacionados con el dinero son la segunda causa de divorcio en México». Lo afirma la experta en Economía Familiar, Cecilia Meade.[7]

Esto nos advierte que debemos ser cuidadosos en el uso de nuestro dinero y en buscar soluciones juntos; pero sobre todo que las finanzas no sean motivo de distanciamiento y mucho menos de separación como pareja o desintegración familiar.

· **Mito o realidad 4.** *No siempre saben las parejas cuánto gana su cónyuge.*

La respuesta es **Realidad**. Existe una especie de tabú —y a veces machismo— donde al hombre no le gusta que su esposa sepa lo que gana.

Que cada quien responda en casa:

¿Sabe su cónyuge cuánto gana usted?

¿Sabe usted cuánto gana su cónyuge?

Podemos ir más allá con la pregunta y no solo saber cuánto gana su cónyuge, sino cuánto ahorra, cuánto debe y cuánto invierte. En honor a la transparencia, estas preguntas deberían ser normales en una pareja. Por supuesto que hay sus excepciones. Recuerdo una vez, cuando impartía un taller de finanzas, que una dama levantó la mano y me dijo: «Javier, si le digo a mi esposo lo que gano se lo bebe en licor, pues es alcohólico».

Los hombres y las mujeres tenemos percepciones diferentes del dinero. En parte, el hecho de que los hombres crean que hay más dinero del que realmente existe, como si fuera un «espejismo financiero», se debe a que muchas veces las personas casadas desconocen el salario exacto de su pareja, lo que con-

---

7. Autora del libro *Cuando el dinero nos alcance* (México: Trillas, 2001).

duce a cálculos conjuntos erróneos. Otro factor que contribuye a estas discrepancias se debe a que, en el 60% de los hogares, la mujer es la encargada de pagar las cuentas.

Cuando nos casamos, la billetera no se queda fuera del altar, entra al altar con nosotros también y no deben existir secretos financieros. Incluyamos la transparencia financiera en la relación. La pregunta: ¿sabe su pareja cuánto gana usted y sabe usted cuánto gana su cónyuge?, es un indicador de confianza. Las parejas que no tienen libertad de expresarse o de preguntar están fallando en la confianza, y esto no está bien.

Las parejas debemos tener la confianza de conocer lo que ambos ganamos de salario o del negocio, especialmente para juntos establecer metas. Incluso las que planean casarse deben practicar esta confianza en el área financiera también antes del matrimonio.

· **Mito o realidad 5.** *Lo que más le cuesta a una pareja en sus finanzas es ponerse de acuerdo en cómo usar el dinero.*

La respuesta es **Realidad**. Puede ser que la pareja venga de diferentes patrones de familia y roles en materia de finanzas, que si no se han tomado el tiempo para conocerse en esa área, pueden surgir choques de expectativas y de formas sobre cómo priorizar el uso del dinero. O bien alguien puede decir: «Nosotros no discutimos por acuerdos de dinero», aunque lo que yace en el fondo es que no discuten por dinero porque uno asume el liderazgo y el cónyuge simplemente adopta un rol de aceptar lo que se decida.

Definitivamente, es mucho mejor dialogar sobre el dinero para no discutir por causa de él.

Según sondeos que hemos hecho en los seminarios a parejas, lo más difícil en las finanzas conyugales no es hacer el presupuesto o mantenerse en él, sino «ponerse de acuerdo», lo cual es fundamental tanto para planear los gastos como para mantenerse en lo planeado.

A veces uno de los dos padece de «timidez financiera», es decir, le da vergüenza iniciar un diálogo con su pareja acerca del dinero, incluso hay quienes temen hablarlo con ella por temor a que se moleste. Esto no es saludable para la pareja. Debemos tomar el tiempo para ponernos de acuerdo y buscar esos espacios de diálogo. Tampoco es saludable la «agresividad financiera» que más bien puede irrespetar la pareja.

> **Recuerde que el dinero puede ir y venir, pero el amor hay que cuidarlo junto a aquellos a quienes amamos.**

¿Cómo? Sentándonos juntos a pensar en cómo queremos lograr las metas de pareja y con qué contamos cada mes, es decir, en qué vamos a usar el dinero, cuánto invertir en los alimentos, ponernos de acuerdo en si comprometernos o no en una deuda y hasta cuánto endeudarnos, ponernos de acuerdo en cuánto podemos ahorrar, ponernos de acuerdo en dónde van a estudiar nuestros hijos, e incluso en cuánto invertir en un viaje o regalo.

Ahora bien, qué hacer con el dinero es asunto personal, propio de cada pareja. No conversarlo o creer que se va a arreglar solo genera una serie inagotable de dificultades.

· **Mito o realidad 6.** *¿Será cierto que los hombres son más gastadores que las mujeres?*

La respuesta es **Mito**. El ser impulsivo —como vimos en el primer capítulo— depende no solo de la personalidad, sino de los estímulos publicitarios y comerciales a los que estén expuestos. Dado que los hombres suelen estar más involucrados en problemas financieros, existe esa percepción de ser más gastadores; sin embargo, esto se da por el hecho de que, por razones históricas y de desigualdad, el varón ha dominado el ámbito laboral y, por ende, cuenta con más probabilidades de tener problemas financieros. Por otro lado, existe la percepción de que las mujeres son más derrochadoras que los hombres, por cuanto hay más tiendas, revistas, anuncios y productos para ellas que para ellos. Pero ambos pueden tener la personalidad de gastadores y deben prestar atención a las áreas débiles.

Un informe de la Universidad del Estado de Ohio, en Columbia (USA), basado en datos recolectados a lo largo de treinta años por la Oficina de Estadísticas Laborales del Departamento de Trabajo, señala que, mientras que los hombres son más optimistas acerca de la cantidad de dinero con el que cuentan, las mujeres están más pendientes de las deudas.

Este estudio no es solo aplicable a Estados Unidos. Conversando con una Gerente General de un Banco Hipotecario para familias de clase media, me comentó: «Javier: es impresionante que en nuestra institución suelen ser las mujeres quienes dan la cara ante peligros de deudas y de perder sus casas».

Podríamos pensar que las mujeres son consumidoras más frecuentes, puesto que están más expuestas a la publicidad y variedad de productos, como, por ejemplo, los zapatos; además suelen consumir más ropa, calzado, cosméticos y artículos de belleza. Varios estudios han mostrado que en más de un 60% son ellas quienes hacen las compras del súper. Esperamos que esto cambie poco a poco, conforme el hombre asuma más su tarea compartida de involucrarse en las responsabilidades del hogar.

Sin embargo, los caballeros, aunque no son consumidores tan frecuentes como las damas, compran artículos más caros e innecesarios por lo general. Por ejemplo, televisores, autos más caros que los de sus esposas, motocicletas, herramientas, equipos deportivos, *hobbies*, equipos de sonido, artefactos electrónicos, entre otros, cuyo precio normalmente es mayor que lo que usualmente consumen las mujeres. No obstante, esta tendencia ha ido variando. Conforme la mujer aumenta sus ingresos y mejora su posicionamiento laboral —y con mayor equidad con los hombres— se compra bolsos más caros o joyas más costosas. Le gusta viajar, con el agravante de que pueden verse más expuestas a las ofertas en las tiendas que frecuentan, ventas por catálogos o su aprecio por darle lo mejor a sus hijos.

¡Preste atención!

Según los últimos estudios, la tendencia de hoy en día es que los hombres gastan más por Internet que las mujeres... ¡Ojo con los jóvenes y niños! Como siempre, hay sus excepciones, conozco mujeres a quienes les fascina comprar por Internet.

Sea cual sea el caso, deben conocerse bien para que uno de los dos actúe como «freno» del otro y, de esta manera, no desbalancear sus finanzas o el nivel de endeudamiento. Es decir, cuando uno desea acelerar los gastos, el otro le dice: «¡Alto!».

Recuerdo lo que me dijo una madre joven, esposa de un enfermero y con su hijo en brazos. Cada vez que su marido le decía emocionado que había visto algo y que lo quería comprar, ella le hacía varias preguntas de control como: «¿Lo necesitas? ¿Puedes esperar?». Esa era su forma de frenarlo.

· **Mito o realidad 7.** *Los problemas financieros pueden afectar la intimidad de la pareja.*

La respuesta es **Realidad**. Recordemos que, para tener intimidad, ambos deben contar con un ambiente de tranquilidad, armonía, relajamiento, motivación, con ánimo y sin distracciones emocionales. Cuando estos ingredientes no están presentes, se altera la intimidad de la pareja. Uno de los errores más frecuentes de las parejas es no tomar espacios de tiempo específicos para hablar de los asuntos financieros familiares. Así, lo abordan en la comida, al pasear, al acostarse, lo cual se puede tornar en fastidioso para uno de los dos o para ambos.

De ahí la importancia de cuidar las finanzas para no tener repercusiones en la intimidad de la pareja. Se pueden ver afectados, ya sea alejándolos o acercándolos:

· *Alejándolos:* cuando un hombre o una mujer se encuentran deprimidos por sus finanzas tienen **diálogos intensos**, como mi amigo Pablo de Conceptos Financieros Crown de Brasil suele llamarlos, que en realidad son discusiones financieras, las cuales afectan directamente su predisposición para disfrutar de los espacios de intimidad.

· *Acercándolos:* hay excepciones y, aunque le suene extraño, es posible que la intimidad aumente en momentos de estrés, como un medio de escape de la pareja y así olvidarse de sus problemas, de sus deudas o de que no les alcanza el dinero.

Otros optan por ocultar ciertos gastos o ahorros para evitar discusiones o críticas y, por ello, le invito a abrir sus sentimientos a su pareja y, si es el caso, confesar cómo le afecta la intimidad, para que trabajen juntos o en terapia; un proceso que les ayude a alinear sus metas y a abordar y afrontar la situación.

Un caso extremo son las parejas en crisis financiera severa, que no tienen ni para costear sus gastos básicos y que, además, por tratar de escapar de sus problemas los llevan al plano de la intimidad y, en consecuencia, a tener más hijos de los que pueden mantener para darles una buena calidad de vida.

¿Qué se puede intentar?

Hay que tratar de no perder esos espacios de intimidad, pero teniendo en cuenta la prevención. Es importante, además, que en los momentos de crisis fortalezcan su comunicación, se apoyen mutuamente, se abracen, tengan espacios para compartir, animarse como pareja y juntos pedir la bendición de Dios para salir de los problemas financieros y buscar ayuda profesional si es posible.

PRINCIPIO DE SABIDURÍA:
¡Amar en todo tiempo!

«En todo tiempo ama el amigo; para ayudar en la adversidad nació el hermano».[8]

Es interesante cómo el sabio Salomón nos anima con este pensamiento. El amigo de verdad ama en todo tiempo. Si esto se dice del amigo, cuánto más de una esposa o esposo. Dice que se debe amar en todo tiempo. Será por eso que el apóstol Pablo dijo a los corintios que el amor es paciente, que el amor no es envidioso, ni jactancioso, ni orgulloso, que no se comporta con rudeza, ni es egoísta, que no se enoja fácilmente, ni guarda rencor... todo lo disculpa, todo lo cree, todo lo espera, todo lo soporta.[9]

Podemos decir que en el matrimonio tendremos momentos donde nos veremos confrontados con estas palabras, debiendo que ser pacientes con nuestro cónyuge y en circunstancias donde más bien todo lo disculpemos, todo lo creamos, todo lo esperemos, todo lo soportemos con paciencia, hasta ver nuestros sueños llegar a feliz término.

En otras palabras, cuando una pareja se une en matrimonio y decide formar una familia, ese pacto de estar ahí en las buenas y en las malas, en la riqueza y en la pobreza, debe ser una máxima a la cual aspirar. Hay que luchar por la unidad familiar, sin que el dinero nos separe o aleje.

Cuando nos casamos es como emprender un viaje en alta mar, donde no solo debemos estar dispuestos a disfrutar de la tranquilidad y del bello azul del océano, sino que debemos estar listos para «juntos» enfrentar cualquier tempestad y, aunque lleguemos a tener el agua hasta el cuello de deudas o de gastos, nos decidamos por el amor y juntos

---

8. Pr 17.17.   9. 1Co 13.4-7.

luchemos contra viento y marea para sacar avante la relación, sin dejar heridos en el camino.

Cuando Cynthia y yo emprendimos este viaje del matrimonio en 1990, los primeros siete años fueron bellos y tranquilos, con un gran disfrute y finanzas sanas, luego pasamos otros cinco años de tormentas financieras que se trasladaron a las otras áreas de nuestro matrimonio, pero de las que, con la ayuda de Dios y recordando nuestro pacto matrimonial, salimos adelante. Parte de nuestra inspiración surge del poema que dice:

> Fuerte es el amor, como la muerte [...] como llama divina es el fuego ardiente del amor [...] ni las muchas aguas pueden apagarlo, ni los ríos pueden extinguirlo. Si alguien ofreciera todas sus riquezas a cambio del amor, sólo conseguiría el desprecio.[10]

Debo reconocer que, en los momentos financieros más oscuros de nuestro matrimonio, Cynthia fue mi soporte y una mujer valerosa, virtuosa y llena de carácter para enfrentar la adversidad; su fe, su amor y su ánimo influyeron poderosamente en que ambos pudiéramos sacar el barco a flote y ahora disfrutar de muchas satisfacciones y metas alcanzadas.

En síntesis, el amor sí influye en el dinero, pues puede ayudar a tomar buenas decisiones y a enderezar el barco en momentos de crisis. Por el contrario, el dinero no debe influir en el amor, y aunque busquemos expresar el amor a través de lo material, no debe ser nuestra máxima motivación. La motivación en la pareja debe ser estar unidos y amar en todo tiempo. Y nunca dejarse arrastrar por nada que tenga que ver con lo financiero. No dejen apagar esa llama que un día se encendió y que debe perdurar en el matrimonio, donde ambos harán lo imposible para, juntos, llevarlo a buen puerto.

---

10. Cnt 8.6-7.

DESAFÍO:

Converse con su pareja sobre la confianza en sus finanzas y tengan espacios para organizarse juntos, planear juntos y luchar juntos para salir adelante y, si algo les está afectando, pidan ayuda a Dios y a quien les pueda asesorar como pareja.

/ / /

EJERCICIOS DE EVALUACIÓN

- ¿Qué mito me ha desafiado?

- ¿Qué realidad debo enfrentar?

CAPÍTULO 4

¿CÓMO MANEJAN EL DINERO ELLOS Y ELLAS?

«Hay parejas que en cuanto a sus finanzas es como si volaran a ciegas».

Bethany y Scott Palmer

Qué importante es conocernos unos a otros en cuanto a nuestra forma de usar el dinero. Se habla mucho de las diferencias entre hombres y mujeres, no solo genéticas, sino de intereses y motivaciones. A esto se deben añadir temas de los tipos de personalidad. En el capítulo anterior comentamos que es un mito que los hombres o las mujeres gastan más el uno que el otro. Es importante profundizar en este tema un poco para que le ayude a usted a conocerse mejor.

Otra forma de plantearlo es preguntándose: «¿Son los hombres diferentes a las mujeres en cuanto al manejo del dinero?».

Permítame compartir con usted lo que he descubierto a lo largo de casi diez años de atender casos de consejería en materia financiera a familias.

¿Qué caracteriza normalmente a los hombres y a las mujeres?

a. SER PROVEEDOR. Si te proveo ¡es que te amo!.

Las familias iberoamericanas fueron formadas mediante un modelo de «padre proveedor» del hogar y madre «administradora del hogar», esto por el hecho de que a inicios de la primera mitad del siglo XX las familias solían ser muy numerosas.

Recuerdo la familia de mi padre. Eran dieciocho miembros, en una zona rural fuera de la capital de San José. En los tiempos de mis abuelos, si bien se alimentaban de lo que producían, alguien debía atender esa «marimba» de niños y niñas que requerían de una mujer virtuosa y valiente como mi abuela Enriqueta. Ella debía ser muy hábil en la administración no solo de la crianza de sus hijos, sino de su alimentación, para lo cual se requería de muchas reglas y disciplina a fin de mantener el orden, mientras mi abuelo Leonidas se centraba en la siembra de granos y legumbres, producción de animales y comercialización de productos en la capital.

> **Las familias iberoamericanas fueron formadas mediante un modelo de «padre proveedor» del hogar y madre «administradora del hogar».**

Desde luego, mi papá (don Alfredo) heredó ese modelo de ser proveedor, es decir, velar para que no falte nada de lo necesario en el hogar, tal como alimento, ropa y techo. Mamá, oriunda de las tierras de Guatemala y luego criada en Honduras, de padre italiano y madre chapina, al terminar sus estudios de secundaria se dedicó a trabajar en los famosos Comisariatos de las Zonas Bananeras, conoció a mi padre, quien comerciaba por Centroamérica. Así pues, la conoció en Honduras y, después de casarse, decidieron trasladarse a Costa Rica, donde papá inició varios negocios de comercio, siendo ella su mano derecha en sus negocios, pero, a la vez, la administradora del hogar.

Creo que las historias de muchas familias son similares, aunque hoy en día se ha recargado sobre la mujer el hecho de que en las parejas más jóvenes ambos trabajan.

La provisión del hogar suele ser impuesta por la cultura, tradicionalmente a los hombres y en los últimos tiempos a las mujeres que lideran sus hogares. Esto no debería ser así, pues impone una carga emocional y tensión a las familias. Tanto ellos como ellas deben aceptar y convivir con quién de ambos ha recibido la bendición de proveer para su familia y hacerlo con alegría. Conocí a una familia en la que el esposo quedó parapléjico y ella tuvo que asumir por muchos años ese rol. Gracias a la provisión de Dios y al esfuerzo de esta mujer y sus hijos, nunca les hizo falta nada, ni el pan de cada día, ni el estudio de sus hijos, ni techo ni ropa.

Aunque el varón mantiene esa mentalidad, poco a poco ha ido asumiendo tareas del hogar, transicionando el rol de ser solo hombre proveedor a un modelo diferente donde hombre y mujer son coproveedores y ambos deben llegar a ser coadministradores del hogar.

El modelo hombre proveedor viene desde las primeras épocas de la historia, donde este debía cazar —como lo estudiamos de las culturas antiguas—, mientras que la mujer se encargaba del cuidado y crianza de los hijos. Este patrón social-familiar tenía sus puntos débiles, pues el hombre se desentiende de los hijos y suele asumir un rol de machismo en la toma de decisiones. Sin embargo, el nuevo modelo hombre y mujer como coproveedores y coadministradores del hogar es mejor, pero debe asumirse con cuidado.

Cierta pareja que atendí tenía un conflicto de roles y expectativas. Ella era toda una empresaria y él un profesional, pero ella percibía que él no asumía su rol de responsabilidad y de proveedor, hasta el punto de que llegó a decirme: «Estoy cansada de ser el hombre de la casa». Su mensaje interno y su historia reflejaban frustración, pues desde niña tuvo que salir a ganar su sustento para ayudar en su hogar, donde su padrastro no ejercía el rol de proveedor y su madre lo tuvo que asumir. Cabe señalar que muchas mujeres hispanas han debido asumir el papel de proveedoras de seguridad financiera del hogar en ausencia de la figura paterna en algunas familias. ¡Un honroso aplauso a ellas!

Con este ejemplo quiero ilustrar que tan dañino puede ser que el hombre, en su afán de proveedor, minimice el rol de su esposa como que él se aproveche de la provisión de ella y adopte una actitud de comodidad.

> **El nuevo modelo hombre y mujer, como coproveedores y coadministradores del hogar, debe asumirse con cuidado.**

b. MÁS TANGIBLES. ¡Si no lo veo no lo valoro!

Tienden a valorar lo que se puede ver, oír, usar o tocar. El varón tiende a ser más visual y, normalmente, en los seminarios hago el ejercicio sobre qué tienta más financieramente a los hombres. Las respuestas van desde comprar herramientas como cortadoras de césped, artefactos eléctricos, productos para el automóvil, *hobbies* o pasatiempos, hasta andar en bicicleta de montaña e ir de pesca, entre otros.

Cierta mujer confesaba en un seminario para colaboradores de una gran empresa: «A mi esposo le ha dado por montar en bicicleta, y en Navidad nos compró a todos bicicletas para ir juntos y hacer ejercicio. El problema es que cambia de *hobby* o pasatiempo cada cierto tiempo y luego lo abandona y busca otro nuevo». Vemos en este un caso típico del hombre que compra artículos pero sin reforzar el carácter de la constancia y la disciplina, para que su idea inicial de hacer ejercicio sea efectiva y no incurra en gastos cada vez que ve algo que le atrae.

Las mujeres, por su lado, también suelen optar por artículos tangibles y en los seminarios ellas mencionan desde zapatos de todos los tamaños y colores, ropa, cosméticos, artículos para belleza y, últimamente, las mujeres procuran también espacios de esparcimiento como viajes y, si el bolsillo se lo permite, fuera del país.

El tema de lo tangible nos debe llamar la atención, pues todo entra por la vista y podemos caer en lo que Jonathan Lamb denomina la tentación de «lo veo, lo quiero y lo tengo». Esta forma de pensar conduce a las personas a consumir por lo que les atrae a la vista y no por lo que realmente necesitan, gastando más de lo que su bolsillo les permite; su meta es satisfacer el YO.

c. UNI-ACCIÓN. ¡De una vía!

Algunos autores proponen que, por lo general, los hombres tienen poca capacidad de hacer varias cosas al mismo tiempo, mientras que las mujeres tienen capacidad de concentrarse en varias actividades a la vez (incluso mentales). Los varones, generalmente, tienen capacidad para dedicarse a una actividad, algo así como si abrieran una gaveta de su guardarropa, y luego de terminar esa actividad la cierran, se centran en otra y se desconectan de la anterior. Por decir un ejemplo, un hombre decide lavar su auto y se concentra en ello hasta que cambie de actividad. Mientras, las mujeres, según varios expertos, lo conectan todo, no les cuesta hacer varias cosas al mismo tiempo. Por ejemplo, ellas pueden estar atendiendo a su bebé, contestando el teléfono y pensando en la comida de más tarde.

Una forma de ilustrarlo es que los hombres son como una carretera de una sola vía y en una dirección, mientras que las mujeres son como una autopista: tienen varios carriles, de ida y vuelta, con intersecciones hacia varios destinos. Los hombres deben sentarse a pensar en ello, un paso detrás de otro, de lo contrario pueden ofuscarse y estresarse. Tómelo en cuenta para organizarse.

d. RESILIENCIA. ¡Es soportar!

Los que practican el boxeo entienden mucho mejor esta palabra. La resiliencia es la capacidad de asimilar golpes o momentos difíciles. Algunos la representan con los golpes que reciben los boxeadores, quienes deben tener una alta capacidad de asimilar los ataques de su contrincante. En la práctica, a los hombres les resulta más difícil enfrentar situaciones financieras críticas y, normalmente, requieren de apoyo para salir adelante. En otras palabras, tienen una menor resiliencia ante los embates o crisis financieras. Esto se agrava por el hecho de que a los hombres se les hace más difícil abrirse a otras personas sobre sus asuntos internos. Esto no solo en los que son por naturaleza introvertidos; aun los extrovertidos suelen callar y hablar poco de sus luchas internas, y entre ellas las financieras.

> **La resiliencia es la capacidad de asimilar golpes o momentos difíciles.**

La mujer, por su lado, suele sentir más libertad y puede compartir con más apertura los problemas financieros que puedan estar atravesando en la familia. Tanto es así que en nuestros programas de Enfoque a la Familia, un 70% o más de las consultas ante momentos de crisis provienen de mujeres y no de hombres, lo cual refuerza el hecho de que a ellos les resulta complicado hablar de sus momentos difíciles. Puede que por el rol o la etiqueta de proveedor que históricamente se les ha asignado sientan temor y una barrera emocional y, tal vez, de orgullo que les impide abrirse con facilidad.

Esto ha ido cambiando poco a poco, y cada vez son más los hombres que reconocen que deben buscar ayuda ante los momentos de crisis.

e. AGRESIVIDAD FRENTE A TRANQUILIDAD. *¡Cuidado!*

Callar, gritar o tirar la puerta pueden ser reacciones ante el estrés. Aunque no siempre hay personas que bajo tensión pueden tener tendencias agresivas para enfrentar los problemas financieros o de cualquier índole. Esta violencia puede generalmente manifestarse de forma verbal o física para resolver conflictos, o bien hacerlo de forma «pasiva». La agresión pasiva se expresa guardando silencio ante los momentos difíciles, producto de una molestia interior que no canalizan de forma adecuada. Normalmente son los hombres los que se tornan más agresivos bajo la presión financiera. El riesgo de ser agresivos o agresivas es que puede crear un ambiente tenso en la familia y, a su vez, inestable, e incluso caer en violencia doméstica, lo cual puede convertirse en un delito ante la ley. Otras personas actúan con más tranquilidad ante los momentos críticos y saben cómo sobrellevar las cargas o desafíos financieros.

> **Normalmente son los hombres los que se tornan más agresivos bajo la presión financiera.**

f. COMPETENCIA. *¡No vale la pena!*

Algunas personas tienden a ser más competitivas que otras en diferentes aspectos. En cuanto a los «logros», los varones suelen ser más competitivos y se comparan con otros. Muchas veces, cuando un hombre se encuentra con un viejo compañero de la secundaria, o con alguien a quien dejó de ver por algún tiempo, la primera pregunta que surge es: «¿Dónde estás trabajando?». Es decir, solemos darnos valor a partir de lo que hacemos para «ganarnos la vida», como se suele decir, o de la posición que ocupamos, en lugar de darle importancia a otras áreas de nuestra vida. Las mujeres, por lo general, al encontrarse después de algún tiempo suelen ser más integrales y emotivas en sus reencuentros, preguntando por lo que han hecho los últimos años, si ya se casaron, dónde viven, o bien si tienen hijos.

g. CAPACIDAD DE ESCUCHAR. ¡Vital!

Todas las personas solemos tener un grado de escucha «activa», es decir, la capacidad de prestar atención a lo que nos dicen. Es algo más que oír lo que nos dicen, es la capacidad de atender a lo que nos aconsejan. En ocasiones, las personas bajo estrés financiero cerramos nuestros oídos al consejo de familiares, amigos y expertos en el tema. El peor escenario es autojustificarnos y culpar a otros por nuestra situación en lugar de prestar atención a lo que nos aconsejan para mejorar nuestra condición financiera.

Nunca es tarde para atender un sabio consejo, pero es mucho mejor escuchar los consejos de forma preventiva que nos permitan tomar decisiones adecuadas en lo financiero y en otras áreas de la vida. Los buenos consejos se encuentran no solo a través de expertos y de personas cercanas que nos comparten sus experiencias, también contamos con literatura, vídeos y programas de audio, así como programas de televisión, sitios de Internet como los de Enfoque a la Familia y Finanzas con Propósito, o algunos programas de radio, conferencias y cursos.

Tipos de hombres y mujeres

La siguiente clasificación ayuda a entender a los hombres y las mujeres en su manera de administrar el dinero.

En cuanto al dinero y la familia podemos encontrar dos tipos de personas, los condescendientes y los estrictos.

1. Los condescendientes. Son aquellas personas a quienes les cuesta decir «no», y que ante las peticiones de su cónyuge o un hijo dicen: «Lo que quieras, mi amor... lo que necesites...». En este caso, el riesgo es gastar más de lo que debe o puede. A los condescendientes les cuesta poner límites a la familia y, muchas veces, hasta se endeudan o utilizan mal las tarjetas de crédito para complacer los deseos de la familia. Cierto hombre cayó en un alto nivel de endeudamiento por ser tan condescendiente con su esposa e hijos y, cada vez que ellos querían algo, él se lo compraba, cada vez que ella deseaba salir de viaje, él la complacía, sin importar que usara en exceso las tarjetas de crédito.

2. Los estrictos. Son personas muy estructuradas en su personalidad y a quienes les gusta tener todo en orden y las cuentas claras, pero lo llevan al extremo. Estas personas se tornan demasiado estrictas y tienden a tener un exagerado control sobre las decisiones financieras del hogar y de la pareja, y se puede agravar si tienen rasgos de personalidad muy dominantes. El riesgo es que tiendan a ser autoritarios con frases como: «¿Quéééé? Aquí no se gasta nada si yo no lo apruebo». Recuerdo a una mujer que lloraba mientras me expresaba su dolor por el trato que su esposo le daba, quien le controlaba en exceso todo lo que ella gastaba. En otro país otra mujer me dijo que debía pedir permiso a su esposo hasta para comprar un desodorante.

En cuanto a sus finanzas, podemos encontrar las personas emocionales y las visionarias.

3. Los emocionales. Son los que toman decisiones movidos por emociones. Son quienes dicen: «¡Wow! ¡Qué buena tele, qué lindos zapatos, qué buen auto... lo quiero!». Se guían por la vista y son atraídos y motivados a gastar hoy sin pensar en el mañana. Sus emociones no les dejan ver otras priori-dades financieras en el hogar. Es el padre que se emociona comprando un nuevo televisor para la familia, sin pensar que debe pagar una deuda. Es la mujer que se entusiasma comprando artículos personales, sin pensar que sus hijos requieren un ahorro para sus estudios. El lado positivo es que pueden ser muy compasivas y a veces generosas y apor-tar mucho a las iglesias y a causas sociales, aunque pueden desbalancearse si no proveen para su casa lo necesario.

4. *Los visionarios.* Son aquellas personas que quieren retirarse tranquilas y dejar un buen legado financiero. Son los que guardan, ahorran e invierten para el mañana, lo cual les puede llevar a ser muy disciplinados o muy estrictos. Saben controlar sus emociones por una visión mayor y de futuro. Usualmente, si su rasgo de personalidad es estructurado y meticuloso, el visionario puede enfocar muy bien sus metas y no salirse de sus planes.

En cuanto a decisiones podemos clasificar a las personas en dos tipos, los individualistas y los jugadores de equipo.

5. *El jugador de equipo.* ¡Nosotros! Tienen un grado de domi-nancia de medio a bajo, que les permite guiar a su familia y, a la vez, apoyar las decisiones de otros. Son las personas que siempre consultan antes de tomar decisiones, ya sea a su pareja o a su familia. Son quienes saben que sus decisiones pueden afectar a la familia, y, por ello, su pregunta favorita es: «¿Qué piensas?».

6. *El individualista.* ¡YO! Tiende a pensar en sí mismo y puede ac-tuar de forma independiente al tomar decisiones financieras. Su rasgo de personalidad puede ser algo arriesgado y puede verse frente a crisis financieras por su nivel de riesgo. Consulta muy poco en cuanto a sus finanzas, decide y luego informa, puede ser dominante, no pide permiso ni se disculpa por sus decisiones. Su frase favorita es: «Compré esto, decidí esto».

Principio de sabiduría:

¡Paciencia!

«Mas vale ser paciente que valiente; más vale dominarse a sí mismo que conquistar ciudades».[11]

Los hombres y las mujeres son muy diferentes incluso en temas de finanzas y, aun poseyendo diferentes formas de percibir, utilizar y decidir sobre el dinero, pueden tener un principio que les ayude a ser buenos administradores de sus finanzas personales. Ese principio es autocontrol y paciencia.

Ambos ingredientes les ayudarán a tener paciencia cuando las cosas no marchen bien. Esta cualidad es clave para que las parejas sobrelleven y superen sus diferencias en la forma de usar el dinero. El autocontrol es fundamental en las finanzas de las familias; es la capacidad de tener dominio de nosotros mismos, de nuestros deseos e impulsos para no comprar desenfrenadamente, pero también para controlar el propio carácter y no caer en el enojo o el individualismo. La paciencia para alcanzar la visión de futuro y de plan de vida es lo que le motiva a ahorrar persistentemente.

He conocido muchas parejas y familias que, a base de paciencia y autocontrol, han logrado superar sus dificultades financieras y eso les ha permitido complementarse como familia. Por ejemplo, un padre condescendiente con una madre estricta hacen un equilibrio para mantener sus finanzas saludables. Las personas que gastan en exceso pueden, mediante el autocontrol, lograr reducir sus gastos y, con paciencia, salir de deudas. Cynthia y yo necesitamos de mucha paciencia para superar los proble-

---

11. Pr 16.32.

mas financieros que sufrimos por algunas decisiones no acertadas que tomamos. La paciencia nos ha ayudado a no apurarnos a tomar decisiones y a saber esperar el momento oportuno para tomar una decisión clave para la familia y nos ha dado la fuerza para, poco a poco, construir los diferentes proyectos que tenemos como familia.

DESAFÍO:

Descubra a su pareja, descubra a su familia, descúbrase usted y ayude a su familia. Y si es necesario busquen ayuda.

EJERCICIOS DE EVALUACIÓN

/ / /

- ¿Qué me caracteriza normalmente?

- ¿Qué tipo de hombre o mujer me considero?

- ¿En qué área debo ser más paciente por el bien de mi familia?

PARTE 2

LO TUYO, LO MÍO Y LO NUESTRO

Capítulo 5

Preparando las finanzas para decir: «¡Sí, acepto!»

Nuestra historia

«Es importante que ambos compartan sus actitudes, ideas y sentimientos en áreas específicas de la responsabilidad financiera».
Money Life: Marriage and Children

RECUERDO a Alberto cuando me decía que los viajes de larga distancia, como escalar una montaña de 12.000 pies (o 4.000 metros) de altura, se deben hacer acompañados y estar muy de acuerdo en varias cosas para apoyarnos: adónde vamos a llegar y qué vamos a llevar. El matrimonio también es un viaje largo y, al ir acompañados en la vida, debemos ponernos de acuerdo en varios temas que vamos a descubrir hoy.

Realmente el «sí, acepto» se inicia desde mucho antes que el ministro formula la pregunta. Cuando decimos: «¡Sí, quiero!», existe un compromiso previo de la pareja y se requiere tomar en cuenta varios aspectos fundamentales.

Cuando una pareja decide formalizar su relación matrimonial, es necesario prepararse, no solo como persona en su estado emocional y financiero, sino en cómo desean crecer como familia. Tanto él como ella deben hacer dos cosas: primero, planear bien sus finanzas y, segundo, definir acuerdos que les permitan salir adelante como familia. Para ello les será muy útil conocer el contexto familiar de cada uno y cómo se encuentran hoy.

¿De dónde venimos?

Recuerdo que en las sesiones de consejería prematrimonial que Cynthia y yo sostuvimos con Sixto Porras y Hellen, su esposa, nos dieron varios valiosos consejos y, entre ellos, vienen a mi memoria dos consejos sabios. Primero, que definiéramos qué significaba el amor para cada uno. Segundo, nos consultaron sobre qué costumbres y hábitos de las familias de origen nos gustaría incorporar en nuestro matrimonio. Este segundo aspecto fue clave dentro de los aprendizajes, pues nos ayudó a identificar y reconocer algunos valores familiares que consideráramos un tesoro y que nos permitieran caminar juntos, incluyendo lo financiero.

Esta experiencia nos enseñó, como pareja, el poder de reconocer lo que en materia de finanzas heredamos de papá y mamá, o bien de la persona que tuviera a cargo la crianza de la familia. Por ello, recomendamos a las parejas en las charlas prematrimoniales que valoren lo que heredaron de sus padres para poner bases que les permitan decidir juntos sobre cómo desean organizar su boda, incluyendo la ceremonia y la luna de miel.

En algunos hogares se acostumbra a que los padres de la novia cubran los gastos de la boda y la celebración; y que los padres del novio colaboren en la luna de miel. Hoy en día esto ha cambiado mucho. Las parejas financian sus propias bodas.

¿Cómo estamos?

Esta pregunta debe relacionarse con la capacidad financiera que tengan para los preparativos de la boda, la celebración y la luna de miel.

No todas las parejas definen casarse desde que inician su noviazgo. Sin embargo, lo recomendable es que una vez que la pareja se compromete a casarse y define una fecha para su boda, inicie su plan de ahorros.

Cynthia y yo nos conocimos en la universidad en 1984, y no fue hasta 1988 cuando empezamos nuestra relación de noviazgo. En agosto de 1990 nos comprometimos en un bello restaurante de montaña con una vista preciosa de la ciudad de San José. Nuestra amistad y tiempo juntos nos permitieron iniciar un proceso de consejería prematrimonial, pues teníamos el deseo de hacerlo bien.

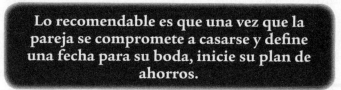

Lo recomendable es que una vez que la pareja se compromete a casarse y define una fecha para su boda, inicie su plan de ahorros.

¡La boda!

El 8 de diciembre de 1990 fue el día que Cynthia y yo fijamos para nuestra ceremonia. Lo primero que debíamos hacer era acordar el tipo de boda que deseábamos realizar. Si bien los padres pueden apoyar, es importante dejar claro que debe ser la pareja la que decida qué tipo de boda desea y está con capacidad de organizar. Cynthia trabajaba como maestra de preescolar en una entidad educativa y yo era analista de crédito de un banco, por lo que nuestros ingresos eran modestos y debíamos ajustarnos a nuestro bolsillo.

Es clave aclarar nuestras expectativas en pareja y hacerlas ver a la familia, ya que algunas veces el novio y la novia ceden a las presiones familiares y terminan realizando una boda y fiesta que llenan las expectativas de la familia, pero no las de ellos y, al final, los novios no las disfrutan. La pareja debe aprender a tomar sus propias decisiones y, con mucho respeto, hacerles ver a los padres sus deseos. Hay novios y novias que quieren una boda pequeña con pocos invitados, algo más familiar e íntimo. Otras personas prefieren una gran boda con muchos invitados. Papá y mamá, por su lado, deben respetar los deseos de su hijo e hija y apoyarles financieramente, si su presupuesto se lo permite.

En nuestro caso tuvimos la bendición de que personas cercanas nos ayudaron con los arreglos del altar. El *bouquet* de flores naturales que Cynthia llevó a la iglesia y la decoración de esta fueron obra de nuestro amigo Carlos. Programamos un presupuesto para las invitaciones que confeccionó el esposo de una prima mía que tenía imprenta. El detalle fue que después decidimos invitar a más personas, por lo que hubo que hacer más invitaciones en las que incluimos este lindo pensamiento de Cantar de los Cantares 8.7: «La muchas aguas no podrán apagar el amor, ni lo ahogarán los ríos» (RVR60). En realidad, Cynthia y yo disfrutamos mucho la preparación de nuestra boda. Los anillos los hizo otro amigo que tenía joyería. ¡Fue maravilloso!

¡La celebración!

De igual manera, la celebración debe ajustarse a lo que deseen los novios. Recuerdo que cuando Cynthia y yo nos casamos teníamos un presupuesto muy limitado, pues habíamos decidido comprar una pequeña casa. Sin embargo, nuestra familia es grande y teníamos muchos amigos a quienes invitar. Con el apoyo económico de la familia y un modesto presupuesto, decidimos organizar una pequeña celebración con nuestros familiares y amigos más cercanos en un salón sencillo pero bonito. Una amiga de la iglesia nos hizo los centros de mesa, la comida fue producto de la colaboración familiar, mi suegra nos regaló el pastel y la familia nos ayudó a preparar los recuerdos para los invitados: un pedacito de pastel envuelto en un lindo papel de adorno, que por cierto está muy de moda hoy en día. Lo importante, más allá de todos esos componentes de la boda, fue contar con el apoyo y calor de los amigos y la familia. Cuando preparen su boda piensen en lo que a ustedes les va a dar satisfacción.

¡La luna de miel!

Lo mismo sucedió con la luna de miel, fue de mutuo acuerdo. Decidimos disfrutar en nuestro país. Como pareja, aprovechamos las ofertas de un lindo hotel cerca del lugar en que realizamos la boda. Luego tres días en un hotelito acogedor en las frías montañas de nuestro país y tres días en la playa en un lindo hotel italiano que nuestro buen amigo Jorge Taylor nos consiguió a un precio muy asequible, en una playa con arena blanca. Nunca olvidaré ese tiempo, fue hermoso y disfrutamos tal y como lo imaginamos. Nuestros ahorros nos permitieron disfrutar exactamente como lo planificamos. No faltaron familiares que nos regalaron dinero, que usamos para la luna de miel y regalos, algunos de los cuales conservamos hasta el día de hoy.

Equipamiento básico del hogar

Desde luego, antes de casarnos iniciamos el proceso de compra de algunos electrodomésticos, hicimos una lista de lo básico, tal como muebles de sala y comedor. Nuestros familiares y amigos nos regalaron algunos electrodomésticos, adornos, utensilios de cocina, entre otros. Dios fue muy fiel en ese tiempo hermoso. Tres meses antes de la boda iniciamos el proceso de búsqueda de una casita que estuviera al alcance de nuestros ingresos. Aprovechamos que mis padres me habían comprado un seguro médico que permitía solicitar un crédito para comprar una casa, lo cual hicimos. En ese momento, la casa tenía un precio de 17.000 dólares. Tuvimos que asumir nuestra primera y única deuda en ese momento de 14.000 dólares, que ya cancelamos. Al casarnos habíamos equipado toda la casa. Este proceso fue el producto de sentarnos como pareja a planificar de acuerdo a nuestros ingresos.

Pasos para prepararse

Aclaren expectativas de boda. ¿Qué esperas tú y qué espero yo? Las expectativas, desde luego, van más allá de lo financiero, pero como el matrimonio es una ilusión que vale la pena disfrutar, algunos países tienen costumbres extravagantes en las bodas. La pareja debe tomar tiempo para decidir qué espera de su boda: dónde será, quién la va a oficiar, qué tipo de anillos van a intercambiarse, si el lugar va a requerir de adornos o decoraciones especiales, si se va a filmar en video, si se va a contratar maestro de ceremonias, si habrá música especial, entre otros detalles.

Aclaren expectativas de la celebración. ¿Cómo nos gustaría celebrarlo? En un hotel o salón especial, en la playa, en el campo, en un bosque, en una montaña... son miles de opciones. De igual manera, es necesario definir si van a organizar o no una fiesta y qué tipo de fiesta desean. Dónde la harán, si al aire libre o en un salón, si en hotel, en un restaurante, en algún club. Qué tipo de menú de comidas y bebidas, qué tipo de recuerdos, si habrá música o no, si habrá otros elementos como juegos pirotécnicos, qué decoración tendrán los centros de mesa y qué otros detalles desean tener en la fiesta.

Un tema que se puede prestar a desacuerdos y experimentar presión familiar es a quiénes invitar a la boda y a la celebración, pues cada persona tiene un costo. Si los padres de alguno de los dos desean invitar a más personas, se les pide si pueden colaborar con ese costo.

Aclaren expectativas de la luna de miel. ¿Adónde nos gustaría ir? En su tiempo de planificación, ambos pueden estar investigando opciones de luna de miel. Deben decidir si van a celebrar dentro o fuera del país, o si viajarán a un crucero, si será en hotel o no, si habrá un todo incluido o si hay paquetes especiales para la luna de miel. A algunas parejas les regalan la boda, la fiesta o la luna de miel, pero siempre es importante que definan qué les gustaría. En nuestro caso, la luna de miel fue exactamente lo que soñamos y eso le dio un valor muy especial.

Es importante que hagan varias cotizaciones y busquen contactos que les permita lograr descuentos en algunas actividades. Sumen al final cuánto va a costar la boda, la fiesta y la luna de miel por separado, y luego totalicen el monto de lo que van a invertir en este importante paso al decir: «¡Sí, acepto!».

Aclaren expectativas del equipamiento del hogar. ¿Cómo va a ser nuestro hogar, dulce hogar? He escuchado muchas historias de parejas que se han casado con una mesa, dos sillas, una cama, una cocina, un televisor y una refrigeradora. Cierta mujer me decía: «Durante mi vida con mis padres nunca me hizo falta nada. Pero cuando mi esposo y yo perdimos el trabajo antes de cumplir el año de casados, sentí que el mundo se me venía encima».

Si bien lo material es necesario, lo importante es pasarla a vivir bien, y que la pareja pueda concentrarse en su relación. Algunos países acostumbran a usar una lista de regalos en diversas tiendas, pero no pueden confiarse de que todo se lo van a regalar. Deben asegurar lo mínimo para vivir cómodamente y eso tiene que ver con preguntas como ¿dónde vamos a vivir: apartamento, condominio o casa? ¿Vamos a alquilar o a comprar la vivienda? ¿Qué tipo de muebles nos gustan? Desde luego, cuando hablamos de dos personas que ya viven independientemente y cuentan con mobiliario y electrodomésticos, es más fácil; más bien deben decidir con qué quedarse, pues si ambos tienen microondas, lo mejor es vender uno para comprar algo, como las cortinas de la sala. O bien, si uno decide que al casarse se van a vivir al apartamento del otro, eso ahorra pasos, pero deben acoplarse y sentir que es «nuestro» apartamento, no el de él o ella. También pueden dejar de adquirir algunos artículos, que no son tan indispensables, para después.

Elaboren un presupuesto del equipamiento del hogar. ¿Cuánto necesitamos? Juntos elaboren un solo presupuesto para comprar lo que les haga falta. Eviten comprar a crédito, compren solo a contado, ya que les da más opciones de solicitar descuentos en los almacenes.

Con la información y acuerdos anteriores, definan un presupuesto estimando lo que puede costar cada actividad con sus detalles.

Definan un plan de ahorro y de ajuste de gastos para reunir el dinero necesario. ¿Cuánto y por cuánto tiempo debemos ahorrar por mes? Debido a que la realidad financiera de muchas parejas no les permite ostentar muchos lujos y vienen de familias algo limitadas, deben organizar un plan de ahorro y, de ser necesario, ambos reducir algunos gustitos para que puedan invertir en tres actividades: un plan para la boda, otro para la fiesta y otro para la luna de miel y el equipamiento del hogar.

Elaboren NUESTRO presupuesto, TU presupuesto y Mi presupuesto. Aquí empieza la aventura en donde ya no va ser tu presupuesto, ni mi presupuesto, sino nuestros presupuestos. ¿Cuánto precisamos mes a mes para cubrir nuestras necesidades y disfrutar de tiempo juntos, sin que nada nos falte? Aquí es donde se inicia la otra aventura, en la cual ya no va a ser tu dinero, ni mi dinero, sino nuestro dinero. Juntos elaboren el presupuesto del hogar con las necesidades básicas[12] para definir y estimar cuánto dinero van a reque-

---

12. En el sitio www.finanzasconproposito.org encontrarán los formularios detallados.

rir para vivienda, alimentación, transporte, salud, recreación, ahorros, pago de deudas (si las hay), ayudas a la iglesia (como el diezmo), ayudas a la familia, gastos de los hijos (si hay hijos de alguno o de ambos), vestimenta y transporte, entre otros. Este presupuesto lo deben elaborar juntos. Luego, cada uno elabore el presupuesto para los gastos de ÉL con lo que empleará para sus gastos diarios, como transporte, comida y otros. Ella también debe tener su presupuesto aparte para sus gastos de transporte y sus actividades. Esto tiene el propósito de asegurar que a ninguno de los dos les hará falta dinero para su día a día. Recuerde incluir un ahorro de lo NUESTRO, un ahorro para ÉL y un ahorro para ELLA.

A continuación incluimos un cuadro de cómo puede establecerse esa forma de organizar, donde el ingreso de ambos se suma y se distribuye entre tres:

Tu presupuesto	Nuestro presupuesto	Mi presupuesto
	Salario de ÉL y ELLA	
Dinero acordado para **ÉL**	Dinero definido para **EL HOGAR**	Dinero acordado para **ELLA**
- *Ahorro para ÉL*	- *Ahorro Conjunto*	- *Ahorro para ELLA*
- Gastos de transporte	- Pago de vivienda	- Gastos de transporte
- Comida por trabajo	- Gastos de comida	- Comida por trabajo
- Mantenimiento	- Gastos de hijos	- Mantenimiento
- Ropa	- Recreación	- Salón de belleza
- Corte de pelo	- Ayudas sociales	- Gimnasio
- Gimnasio	- Salud	- Ropa
- Teléfono	- Mantenimiento	- Teléfono
- Otros gastos	- Imprevistos	- Otros gastos
	- Servicios públicos	
	- Donaciones	

La clave es que primero elaboren el presupuesto familiar, asignando una parte del salario o ingreso conjunto para los gastos comunes. Idealmente deberían asignarse un dinero disponible a cada uno para gastar. Este dinero puede ser en cantidades iguales, salvo que las actividades de uno de los dos requieran más. Esta decisión no es fácil si cada uno está acostumbrado a organizar sus gastos. Por ejemplo, si el salario conjunto es 150, pueden asignar 100 al presupuesto común y 25 a cada uno para sus gastos individuales.

Hay parejas que se distribuyen qué gastos comunes del hogar va a cubrir cada uno. Esto puede funcionar, al igual que unir en una misma cuenta sus salarios, siempre que se lleve el orden y cada cual tenga su dinero disponible para sus gastos personales.

Nuestros ahorros nos permitieron disfrutar exactamente como lo planificamos.

Errores a evitar:

- Creer que, si solo uno trabaja fuera de casa, ese es quien debe recibir más para gastar.
- Que quien gana más tenga más dinero asignado.
- Un cónyuge asigna mesada al otro, cuando lo mejor es que sea de común acuerdo.

Lo mejor es revisar quincenal y mensualmente el desempeño del presupuesto para ver si se cumple o debe ajustarse, tanto el del hogar como el de ella y el de él.

Revisen y ajusten, de ser necesario. ¿Cómo vamos y qué podemos corregir? Una cosa es sentarse a soñar y planear, y otra es la realidad al enfrentarse a los gastos. Deben tener mucha comunicación para ver si van avanzando bien según el plan. Puede ser que hayan conseguido precios menores en algunas cosas y, en otras, precios mayores, pero deben estar en constante revisión y control.

Principio de sabiduría:
¡Buscar consejo!

«Cuando falta el consejo, fracasan los planes, cuando abunda el consejo, prosperan».[13]

Si algo practicamos Cynthia y yo antes de casarnos, fue preguntar, buscar consejo, escuchar para aprender y asesorarnos. Primeramente con nuestra familia, ya que sabíamos que iban a querer lo mejor para nosotros, especialmente porque todos, ellos y nosotros, éramos primerizos en esta aventura de organizar una boda. En segundo lugar, la consejería prematrimonial que proveyeron la iglesia y sus consejeros espirituales (en nuestro caso Sixto y Hellen) fue fundamental para reconocer no solo la importancia del matrimonio, sino la preparación financiera que se iba a enfrentar. En tercer lugar, con asesoría muy puntual en temas de festejos, costos, precios y hoteles, entre otros, que nos permitió sacar el mayor provecho de nuestro presupuesto y disfrutar al máximo.

Salomón decía que es mejor que el consejo abunde, como dice el famoso refrán: «Es mejor que sobre y no que falte». Claro está, debemos buscar consejos de buena fuente, que nos guíen a asumir con responsabilidad el matrimonio, pues he atendido parejas jóvenes en las que ella se queja de que él quiere seguir viviendo su vida de soltero y no asume su rol de esposo. Hagamos del proceso de preparación un tiempo de aprendizaje.

---

13. Pr 15.22.

DESAFÍO.

Si usted y su pareja están pensando en el matrimonio, deben planificar y seguir los pasos anteriores. Una vez acordado lo que desean y pueden, deben sentarse a planificar el presupuesto de cada una de estas actividades y luego ver de dónde van a salir los recursos. Si Dios les da la bendición de que algunas personas les obsequien alguna de las cosas que necesitan o les ayuden en su boda, celebración, luna de miel y equipamiento inicial de su hogar, sería grandioso, pero no deben esperar o empezar a suponer que eso se va a dar. Dios les proveerá y, por favor, disfruten los preparativos.

EJERCICIOS DE EVALUACIÓN

– ¿Qué tipo de boda quieren y pueden?
– ¿Qué tipo de celebración quieren y pueden?
– ¿Qué tipo de luna de miel quieren y pueden?
– ¿Qué tipo de equipamiento de casa quieren y pueden?
– ¿Hay posibilidad de comprar vivienda o van a rentar?

Si usted ya está casado, repase estas preguntas para traer lindos recuerdos de su experiencia, y preparar consejo para sus hijos en el futuro.

CAPÍTULO 6

LOS PRIMEROS CINCO AÑOS DE MATRIMONIO

> *«Cada día es importante, y cada segundo es una oportunidad para hacer crecer y profundizar tu carácter, para demostrar tu amor y depender de Dios».*
>
> Rick Warren

NUNCA podremos tener nada si sigues gastando el dinero de esta manera —le dijo Mariano a Ana antes de acostarse—. ¿Cómo puedes gastar tanto dinero en un lápiz tan pequeño para las cejas?

—¿Y vos? ¿Cómo puedes pagar tanto por esos equipos electrónicos? —dijo ella.

Cuando hablamos de las carreras de autos, es difícil decir cuál vuelta será la más crítica, pero, en el matrimonio, los **primeros cinco años** son fundamentales y claves para su éxito.

Es en los primeros cinco años cuando se realizan los principales reajustes y cuando se ponen a prueba todas las expectativas.

Los investigadores han descubierto que **esos primeros cinco años determinan, de una manera única, qué matrimonios tienen la posibilidad de florecer.**

El doctor Ted Husting comenta en su estudio sobre este tema que el casamiento reciente de las parejas y los cambios que esto acarrea predicen la viabilidad de su matrimonio, en donde la desilusión se ve reflejada en la disminución de amor, la moderación del afecto expresado y el sentimiento de que su pareja va a responder cada vez menos al amor.

Hoy en día no son pocas las parejas que echan marcha atrás en el matrimonio antes de cumplir los cinco años iniciales. La manera en que se enfrenten las grandes y pequeñas crisis de su matrimonio va a establecer importantes patrones para el futuro.

> **Es en los primeros cinco años cuando se realizan los principales reajustes y cuando se ponen a prueba todas las expectativas.**

Recuerdo que mis primeros años de matrimonio con Cynthia fueron muy florecientes, pues tomábamos las decisiones juntos y casi nunca teníamos discusiones por temas financieros. Esos primeros cinco años fueron clave para poner los cimientos de comunicación y acuerdos, y de inversión, que nos permitirían enfrentar las tormentas que nos azotaron en los segundos cinco años de nuestro matrimonio.

Por ello, ante la pregunta de si es importante preocuparse por las finanzas al empezar el matrimonio, hay que responder que... ¡claro que sí! Este es el mejor momento para invertir y soñar, poner bases de comunicación, aprovechar los tiempos de juventud, ya que estas serán fundamentales para el matrimonio al nivel emocional, espiritual y financiero. Tomar decisiones previsoras e inteligentes desde temprano ayudará a disfrutar el camino venidero.

En fin, esos primeros cinco años de matrimonio pueden ser un tiempo de rápido crecimiento personal, relacional y financiero; o un período de desilusión, deterioro y crisis financiera. El primer quinquenio es cuando las parejas se endeudan más allá de sus capacidades, limitan su crecimiento futuro y el disfrute de familia. O bien cuando invierten y ahorran sabia y constantemente, llevando un estilo de vida acorde con sus ingresos.

El acomodo de la pareja en el área financiera durante esos años va a depender de varios aspectos, tales como si ambos trabajan fuera del hogar, cuál es su historia familiar y cuáles son sus expectativas.

El tema de la transparencia en el uso del dinero desde un inicio va a crear bases firmes en la pareja. Esto quiere decir que es importante para cada uno saber cuántos ingresos recibe su cónyuge.

La historia familiar cuenta mucho, ya que ambos traen un modelo familiar de cómo y en qué se usa el dinero. Ambos traen un patrón de quién toma las decisiones financieras en casa. Ambos vienen con un modelo diferente de cómo administrar la economía del hogar, y eso deben conversarlo.

Cierta pareja tuvo que acomodarse, pues ella —a quien llamaremos Carla— creció con su madre. Por tanto, para Carla, quien tomaba las decisiones y administraba el dinero en casa era la mujer. Pero Pedro venía con un modelo diferente. Él creció con su papá y su mamá, y en su casa papá era quien usualmente tomaba las decisiones. Esto muestra cómo los contextos familiares pueden convertirse o bien en complementos o en conflictos. El diálogo y los acuerdos premaritales y en el periodo de adaptación de los primeros cinco años son un buen espacio para afinar esos acuerdos que les permitan construir sobre las bases de trabajo en equipo como pareja.

De ahí que, para iniciar, es necesario comunicarse de forma continua y llegar a acuerdos con visión de futuro, para mantener equilibrio entre los gastos de largo y corto plazo. Ante esto, un matrimonio que inicia puede tomar dos caminos:

— El camino de vivir y disfrutar hoy, sin reflexionar ni pensar en el futuro.

— El camino de la moderación hoy e invertir y guardar para el futuro. Hacer planes para disfrutar a corto plazo, siempre con la mira puesta en planear el futuro.

Veamos dos escenarios de estilo de vida:

1. *Viva hoy y pague después.*

Una pareja llegó a mi consultorio para descubrir por qué no les alcanzaba el dinero. Después de abordar varias preguntas, me comentaron que ellos habían decidido como pareja que comerían fuera de casa en restaurantes cada fin de semana, el desayuno, el almuerzo y la cena, tanto sábado como domingo. Cuando les pedí revisar sus estados de cuenta en gastos, descubrieron las cantidades exorbitantes que gastaban por ese motivo, casi triplicaban lo que gastaban normalmente en comidas en casa. Estas personas se caracterizan por la poca o nula moderación hoy sin prever el mañana, donde no se planea a largo plazo. Sucede cuando la pareja, en el presente, se gasta el dinero en comodidades que no son necesarias, así como en gustos y placeres. Con el pasar de los años van a carecer de ahorros y llegarán incluso a vivir bajo constantes restricciones sin capacidad de enfrentar emergencias.

Este tipo de estilo de vida les lleva a salir y gastar desmedidamente hoy, y a endeudarse para comprar artículos de consumo o viajes, sin preocuparse por invertir en su casa y, por tanto, en el futuro se verán restringidos en sus vacaciones por no tener dinero disponible a causa del pago de deudas excesivas.

2. *Moderación hoy para invertir en el mañana.*

El conocido refrán dice: «El que ríe de último ríe mejor»; eso es cierto en las finanzas. Un buen amigo decidió, junto con su esposa, que solo él trabajaría fuera de casa y ella se dedicaría a la administración del hogar y el cuidado de sus hijos. Les he observado durante más de veinte años, lo cual me ha permitido aprender de ellos. Hoy es notoria la sabiduría con la que usaron el ingreso que él generaba, que les permite cierto grado de prosperidad y tranquilidad. No cabe duda de que él fue ascendiendo en su carrera profesional, obteniendo grandes logros, pero eso hubiera sido en vano si no hubieran tomado la determinación de invertir en el futuro de sus hijos y de su vejez desde los inicios de su matrimonio. Planearon de tal manera los primeros años sus finanzas que ahorraron e invirtieron sabiamente, logrando hoy tener no solo capacidad para cubrir los estudios universitarios de sus hijos, sino disfrutar y ayudar a otras personas gracias a la solvencia económica que han alcanzado. Además pudieron así invertir en casas y propiedades que hoy rentan y les genera un ingreso que en el futuro puede complementar su pensión.

Si se planea el futuro, puede que esto implique vivir un presente algo más restringido que otras familias, ya que se deben postergar comodidades no necesarias; pero en el futuro se disfrutará de mayor bienestar y estabilidad económica. Al contrario del caso anterior, esta familia prefiere ahorrar e invertir hoy y disfrutar después.

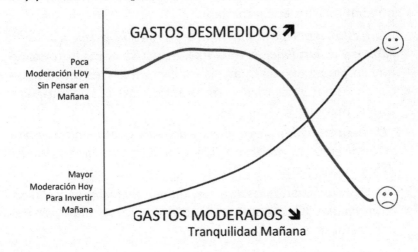

Ahora bien, se debe tener en cuenta que no se trata de dejar pasar el presente a la espera de vivir un futuro que nunca llega. En otras palabras, no se trata de irse al extremo de moderación que implique descuidar el entretenimiento, las relaciones de amistad y amor en la pareja, y la familia en general, por exceso de trabajo, o limitarse sobremanera dejando pasar todo momento de ocio y descanso.

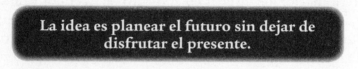

La idea es planear el futuro sin dejar de disfrutar el presente.

¿Qué se puede hacer?

1. *Conozca a su cónyuge y deje que le conozcan también en el área financiera, si es derrochador o ahorrador.* ¿Es usted una persona abierta a invertir en el futuro, financieramente hablando, como para planear el ahorrar parte de lo que se gana?

2. *Vuelva a consultar las expectativas del cónyuge en materia financiera.* ¿Cuál es su expectativa en cuanto a las deudas? ¿Espera que su cónyuge y usted unan los salarios? ¿Cómo creen que pueden distribuir sus gastos de tal manera que puedan invertir en su mañana?

3. *Aún están a tiempo de distribuirse los roles, va a depender de los hábitos y capacidades de cada uno.* Si usted es más ordenado que su pareja en sus finanzas y sus compras, es una ganancia. Si su pareja es mejor comprando, usted la acompaña y le deja manejar las compras.

4. *Definan su plan a largo plazo y decidan su estilo de vida hoy.* ¿Dónde esperan pasar los próximos diez años de sus vidas? ¿Tienen aún planes de desarrollo personal, como estudios?

5. *Definan las prioridades de inversión más importantes y el tiempo apropiado.* ¿Queremos tener casa propia? ¿Soñamos compartir nuestra vida con un bebé?

6. *Hagan un plan de gastos y de ahorro,* esto es fundamental para empezar bien.

7. *Basen su relación financiera en valores tales como:* respeto, acuerdos, comunicación, diálogo, apoyo mutuo, constancia y orden.

Principio de sabiduría:
¡Disciplina!

«¡Anda, perezoso, fíjate en la hormiga! ¡Fíjate en lo que hace, y adquiere sabiduría! No tiene quien la mande, ni quien la vigile ni gobierne; con todo, en el verano almacena provisiones y durante la cosecha recoge alimentos».[14]

Este proverbio nos habla de que en la naturaleza encontramos sabiduría y el valor de la disciplina. De hecho, la pereza atenta contra los planes de un individuo y una familia, y le impide a las personas alcanzar lo que se proponen.

La pereza le impide al individuo tomar decisiones hoy para un mejor mañana. Usualmente dice: «El otro año... más adelante... yo quisiera». Es una pereza que se manifiesta en falta de ánimo para hacer algo que debe hacer o lo que se sueña con hacer.

Puede ser desde «qué pereza ir a trabajar hoy» hasta una pereza que podemos llamar pasiva, ya que no se expresa con palabras sino con sus hechos.

El proverbio nos habla de diligencia y disciplina. Es la virtud de hacer lo que tengo o quiero hacer aunque no tenga ganas. Cuando a la diligencia se le agrega constancia y persistencia se logra lo que se desea. El ejemplo de la hormiga es que nadie le debe estar recordando su deber, y

---

14. Pr 6.6-8.

que, por otro lado, la hormiga entiende los tiempos, por ello sabe que en la vida hay buenos y malos tiempos.

Las parejas y personas que se disciplinan, en los primeros años de su matrimonio, tienen más probabilidad de prosperar y cosechar sus buenas decisiones en el futuro.

DESAFÍO:

Analicen si en su matrimonio se han enfocado en ahorrar o gastar y organicen juntos su futuro desde ya.

/ / /

EJERCICIOS DE EVALUACIÓN

– ¿Qué tipo de vida le gustaría llevar en diez años?

– ¿Qué ajustes pueden hacer hoy para llevar una vida tranquila en el mañana?

– Haga un plan de ahorro para un año, tres años y cinco años.

Capítulo 7

¿Es lo tuyo, lo mío o es lo nuestro?

> *«Si usted es casado, la primera*
> *persona a quien debe consultar*
> *es a su cónyuge».*
> Howard Dayton

Ahí estaba esta pareja —que llamaremos Beto y Luisa— en nuestros consultorios, y después de hacer la tarea de tratar de organizar su presupuesto, yo le pregunto a Beto cuál es esa deuda de 3.000 dólares y él me responde: «Es lo que Luisa (su esposa) me debe, pues cuando a ella no le alcanza yo le presto. Por ejemplo, cuando ella no tiene suficiente para hacer los pagos de los chicos en la escuela». Este es un claro ejemplo de que en este matrimonio son las finanzas de él y las finanzas de ella, pero no «nuestras finanzas». Es donde empezamos con lo tuyo frente a lo mío, y dejamos de lado lo nuestro.

Desde que las parejas deciden unirse en matrimonio, deben ponerse de acuerdo en cómo van a administrar su dinero. Especialmente ahora que ambos suelen trabajar y se acostumbran a manejar su propio presupuesto personal. Deben existir buenos acuerdos de pareja, entre ellos el financiero. Fomentar buenos hábitos financieros en todos los miembros de la familia y transmitir valores como el sentido de pertenencia, son fundamentales. Existen familias donde ambos padres aportan al hogar y es clave reflexionar: ¿es nuestro dinero o mi dinero? El automóvil, ¿es familiar o es el automóvil de papá o mamá? ¿Es la casa de la familia o es la casa de mamá?

> **Desde que las parejas deciden unirse en matrimonio, deben ponerse de acuerdo en cómo van a administrar su dinero.**

Cuando vienen los hijos, ellos aprenden a actuar según el comportamiento de sus padres.

Si bien las causas del divorcio son complejas y diversas, entre las más comunes podríamos mencionar: escasa cantidad y calidad de tiempo invertido en cultivar el matrimonio, **diferencias irreconciliables (entre ellas la finanzas)**, problemas de comunicación, poco compromiso, infidelidad, **problemas económicos**, cambio en las prioridades de los proyectos de vida y conducta abusiva de alguno de los cónyuges, entre otros.

El sobrellevar juntos y adecuadamente las finanzas familiares puede ser un proceso difícil si no existen acuerdos previos y hábitos adecuados. La frustración de no poder entenderse da lugar a discusiones, incluso enojo, y muchas otras acciones negativas. Lo bueno es que existen maneras para evitar las discusiones —así como el divorcio— y llegar a buenos acuerdos de pareja que les ayuden a sacar avante su matrimonio, incluyendo el tema financiero.

Un ejemplo al que dirigiremos nuestra atención es la expectativa de compartir bienes familiares, mientras se poseen pertenencias individuales. Es común que la perspectiva actual nos influya, haciéndonos pensar que el auto es mío de forma exclusiva y no de carácter familiar, así como al pensar en «mi salario y su salario» cuando ambos cónyuges trabajan.

La clave es que matrimonio es **compartir**, que según algunas etimologías viene de «partir el pan con». Si bien existen pertenencias individuales, al contraer matrimonio se cede en alguna medida sin renunciar totalmente a la individualidad en beneficio de la familia que se inicia. Me refiero a que, al unirse en matrimonio, según las Sagradas Escrituras la pareja pasa a ser una sola carne. Ahora se entregan totalmente el uno al otro, en cuerpo, alma y corazón, y desde luego en la unidad de sus bienes. La individualidad se mantiene en temas propios de sus pasatiempos y algunos proyectos de él y de ella, sin detrimento de la familia. Cynthia y yo, al casarnos, unimos nuestros proyectos de vida en un proyecto conjunto, pero también cada uno continuó con sus proyectos de desarrollo personal, profesional y espiritual, tanto es así que ambos pudimos ya casados continuar nuestros estudios de posgrado, sin descuidar nuestra relación matrimonial y con apoyo y bendición mutuos, y desde luego esto requirió un apoyo y sacrificio de ambos en el tema financiero.

Otro ejemplo es la decisión de si se deben unir o no los salarios. No hay una receta mágica para esto, pero sí un principio: lo tuyo y lo mío es lo **nuestro**.

Repasando lo comentado para recién casados en el capítulo 5, lo que se recomienda es que ambos elaboren un presupuesto del hogar, donde se incluya:

Ingresos

Recomiendo unir los salarios de ambos para efectos de planeamiento del presupuesto familiar. Un principio sano es que haya transparencia en lo que ganan ambos. Conozco muchas parejas que han decidido no compartir esa información con su cónyuge, lo cual es señal de desconfianza. Cynthia y yo decidimos desde un inicio ser transparentes en nuestros ingresos. Es recomendable que se puedan unir los salarios para cubrir los gastos como familia, y de ahí separar una parte para él y lo que ella ocupa para sus necesidades personales. Por separado se hace un presupuesto familiar que uno o ambos pueden administrar.

De ahí que, para enfocarnos en lo que es realmente importante y evitar así el consumo de energía en discusiones que nos debilitan y alejan en la relación, **es necesario definir prioridades, las cuales cambian a través del tiempo**.

Gastos

A continuación un desglose mínimo que deben listar de gastos conjuntos de la familia.

NUESTROS gastos familiares:

- Ahorro familiar.
- Donaciones a organizaciones eclesiásticas.
- Vivienda.
- Servicios públicos (agua, Internet, electricidad entre otros).
- Teléfono.
- Alimentación.
- Transporte.
- Salud.
- Vestimenta.
- Educación.
- Hijos.
- Recreación.
- Comida en restaurantes.
- Regalos.
- Ahorro familiar.
- Deudas familiares.
- Ayudas a familiares.
- Ayudas sociales a organizaciones.
- Imprevistos.

Como matrimonio, es importante decidir cuáles son las metas financieras. Puede ser que la meta sea pagar sus deudas, comprar un auto, comprar una casa, estar preparados para tener hijos o pensionarse. Incluso puede ser que el propósito como pareja sea pasar más tiempo juntos sin importar cuál sea el objetivo financiero. Cabe recalcar que es importante hablar con la pareja y juntos llegar a un acuerdo de cuáles van a ser las prioridades financieras en el matrimonio. Esto evitará confusiones y malos entendidos.

Adicionalmente, cada uno debe hacer un presupuesto personal para que en su cuenta administre sus propios gastos sin necesidad de estar pidiendo dinero a su pareja. Esto requiere de mucha disciplina para que ninguno se desfinancie.

A continuación, un ejemplo de cómo distribuir los gastos de él y de ella:

Gastos de él

– Cuido personal (corte de pelo, por ejemplo).
– Ahorro de él.
– Transporte.
– Teléfono.
– Comidas eventuales fuera del hogar.
– Actividades deportivas o sociales (ejemplo: gimnasio).
– Cursos personales (formales, de arte o musicales).
– Imprevistos (5% del total anterior).

Gastos de ella

– Cuido personal (salón de belleza, por ejemplo).
– Ahorro de ella.
– Transporte.
– Teléfono.
– Comidas eventuales fuera del hogar.
– Actividades deportivas o sociales (ejemplo: gimnasio).
– Cursos personales (formales, de arte o musicales).
– Imprevistos (5% del total anterior).

En cuanto al ahorro, se recomienda sea el mismo monto para ambos sin importar quién gane más.

¿Cuentas conjuntas o separadas?

Eso va a depender de varios aspectos y de la disposición a cambiar la forma de pensar y los hábitos antes de casarse. Por ejemplo, si ambos trabajan en empresas diferentes y les ingresan el salario en bancos diferentes, pueden administrar en sus cuentas los gastos de él y los de ella por separado y abrir una cuenta de ahorro conjunta para los gastos conjuntos de la familia. La ventaja de este modelo es que tanto la cuenta conjunta como la de él y la de ella facilitan revisar los estados por separado y no mezclar los gastos.

Si solo ella genera ingresos o solo él trabaja fuera, desde luego inicialmente van a tener una sola cuenta, y pueden decidir abrir dos más, una para la persona que trabaja en el hogar y otra para los gastos conjuntos. Si la pareja es muy ordenada pueden manejar una sola cuenta conjunta con tarjetas de débito adicionales que les permitan acceso a ambos. La clave será llevar muy bien las cuentas al momento de revisar sus estados. La desventaja es que a veces cuesta saber qué gasto hizo cada cual.

Cualquiera que sea el modelo que utilicen deben llevar un buen registro de los gastos y de los comprobantes, sea en sobres o algún otro método de archivo para que mes a mes se sienten a revisar el cumplimiento de cada presupuesto.

Eventuales puntos de desacuerdo

¿Se imagina qué sucedería si usted va conduciendo un automóvil y de repente su copiloto toma en sus manos la dirección del volante y gira en dirección opuesta? Probablemente se expondrían a un accidente. La idea es que ambos conduzcan sus finanzas en una misma dirección.

Menciono esto por cuanto, aunque la pareja decida un modelo sano de administración, pueden eventualmente surgir diferencias producto de su patrón familiar o de la independencia financiera a la cual ambos venían acostumbrados, en la cual no debían consultar a nadie cómo usar o distribuir su dinero. Permítame advertirle de algunos inconvenientes o riesgos que se pueden presentar para que ambos conduzcan sus finanzas en la misma dirección.

Riesgo Nº 1. Desconfianza en el uso del dinero común.

Las relaciones entre ambos cónyuges pueden verse seriamente afectadas cuando es notorio que uno de ellos abusa en el uso del dinero o bienes que se tienen en común. La falta de acuerdos permite que la relación económica entre ellos se deteriore considerablemente.

Por ejemplo, cuando uno de los dos se apropia del hogar a tal punto que decide invertir el dinero extra en la casa sin consultar a su pareja. Él o ella eligen desde las cortinas hasta el color de la pintura por su propia cuenta y no piden opinión a su cónyuge, aunque es bueno invertir en la casa; podría no ser la mejor decisión si deja fuera otras necesidades de mayor prioridad, como la cancelación de la tarjeta de crédito que tiene una alta tasa de interés o el pago del seguro del auto.

Debemos llegar a consensos y confiar en que ambos cónyuges respetarán los convenios acordados. Es vital respetar lo negociado, esto genera un ambiente de armonía y tranquilidad. Si algo que no fue previamente considerado surge como una oportunidad o necesidad, lo más sabio es consultar a la pareja. Algunos definen montos, como por ejemplo exponía en una ocasión el experto Andrés Panasiuk, recomendando que ninguno de los dos realice un gasto que no esté en el presupuesto si supera X monto. Especialmente si uno de los dos tiende a ser impulsivo en sus gastos.

Riesgo Nº 2. Utilizar los bienes y las finanzas como instrumentos de amenaza, discusión o manipulación.

Extorsionar o manipular con los bienes familiares o las finanzas quebranta las relaciones sanas, además de trasmitir el mensaje de que cualquier conflicto de pareja se puede comprar, modificar o reparar con recursos materiales. Al establecer una relación de matrimonio, es beneficioso estar dispuestos a ceder en algunas decisiones financieras en pro de la salud de la relación. Como mencionamos anteriormente, ya no es solamente mi casa, sino que es nuestra casa; por lo que amenazar con aportar menos al presupuesto familiar o con no ceder el carro no arregla el problema de fondo, además de que cercena las buenas relaciones y aumenta el conflicto.

Riesgo N° 3. Desequilibrio en el manejo de las finanzas.

Esto ocurre cuando hay falta de transparencia en la rendición de cuentas de cada cónyuge. Por ejemplo, cuando uno de los dos apuesta en un casino el dinero de la familia, no está apostando lo suyo aunque sea parte de su presupuesto personal, sino que está poniendo en riesgo el «dinero conjunto», pues tarde o temprano va a tomar prestado del presupuesto familiar y, por ende, estará malgastando el presupuesto de todos de manera imprudente y egoísta.

Otro ejemplo de desequilibrio es cuando solo papá decide en los aspectos importantes y detalles del hogar, o solo mamá decide cómo se gasta el dinero familiar. Es importante que ambos miembros del hogar se consulten y se rindan cuentas claras y trasparentes de cómo gastan el dinero asignado para la familia, así como la porción individual que cada uno guarda, de manera equitativa, para sus gastos particulares.

Riesgo N° 4. Decisiones aisladas.

Él decide vender el auto sin consultar o ella decide sacar a los hijos de la escuela privada sin comentarlo. Él decide abrir un negocio familiar sin conversarlo antes para decidir juntos o ella decide comprar muebles nuevos sin un acuerdo previo. Se transforma en un problema que afecta al matrimonio cuando no se realizan acuerdos sobre el manejo de las finanzas. Este problema puede venir desde el noviazgo, ya que, previo al matrimonio, no se conversaron detalles importantes sobre el manejo del dinero, pagos y tareas individuales que ayudarían al hogar.

Al no existir un plan o guía, cada uno administra sus finanzas de manera independiente, por lo que sólo «aportan» a los gastos comunes, en lugar de asumir cada uno su deber para colaborar al bienestar y estabilidad financiera del hogar. Esto permite que las decisiones por la compra o venta de cualquier inmueble sean personales y puede afectar en la comunicación del matrimonio. Por ello, cualquier decisión que afecte o beneficie al patrimonio y presupuesto familiar debe hacerse en conjunto.

Causas que provocan los problemas:

Falta de acuerdos previos. Del mismo modo que se dialoga sobre las actividades domésticas, es necesario que se converse y se elaboren acuerdos sobre los gastos financieros. Los convenios de la administración de las finanzas en el hogar permiten establecer límites claros.

Por ejemplo, si existen inmuebles, como propiedades que fueron adquiridas por cada cónyuge antes del matrimonio, es necesario que se tenga claro a nombre de quién estará dicho bien; sin embargo, si son bienes que se adquieren durante el matrimonio, lo ideal es que ambos sean los dueños.

De igual manera, aunque algunos piensan diferente, se deben asumir en el presupuesto común las deudas previas al matrimonio. Son deudas de ambos cónyuges, ya que afectan al presupuesto y el poder adquisitivo familiar (posibilidades de compra). He conocido parejas que, después de casarse, se enteran de que él o ella ya traían deudas y su salario comprometido. Algunas parejas lo manejan bien y se apoyan. Otras dicen: «Esa es su deuda, ese es su problema, que él vea como lo resuelve». Esta actitud no contribuye al fortalecimiento de la relación, sino que crea distanciamiento.

Personalidad y comportamiento: si a uno de los dos le gusta estar a la moda o es impulsivo o tacaño, hay potenciales problemas. La idea es que las diferencias complementen a la pareja.

Si ella es ahorradora y él gastador deben complementarse. Si él es arriesgado y ella evita los riesgos y le gusta ser más precavida, pueden complementarse. Si ella es despistada y él es estructurado y ordenado, pueden complementarse. En todos los casos la idea es ayudarse mutuamente y no chocar. Ahora bien, si ambos tienen una tendencia a ser gastadores impulsivos se pueden ir al extremo de los gastos. Incluso si ambos son arriesgados pueden caer en un exceso de deudas poco prudentes. O si ambos fueran tan despistados que se les olvida pagar recibos y ninguno de los dos sabe a dónde se va su dinero, puede ser grave. Por el contrario, si ambos son ahorradores pueden generar buenos planes de ahorro e inversión, sin caer en el extremo de no disfrutar por ahorrar. Si ambos son cautos, pocas veces verán amenazadas sus finanzas por inversiones de alto riesgo. Cabe señalar que el exceso de cautela puede privarles de aprovechar oportunidades de negocio. Y si ambos fueran ordenados, pueden llevar un excelente control de sus finanzas.

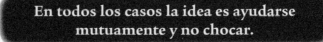

En todos los casos la idea es ayudarse mutuamente y no chocar.

Herencia familiar. De alguna manera, nuestro comportamiento hoy es el resultado de dónde venimos. Esto hace que tendamos a aplicar los mismos principios con nuestra pareja.

Si el papá de ella ahorraba mucho y era ordenado en las finanzas, puede ser que la esposa espere eso, o bien si él viene de un padre muy dominante en las finanzas, puede que el esposo desee tener ese control. También se da el otro extremo, es decir, si alguien viene de un padre tan ahorrador que nunca les daba ni un postre al comer, puede que la persona reaccione con el efecto contrario y quiera darle todo a sus hijos, ya que su padre nunca se lo dio a ella. O que, si vengo de una familia de muchas limitaciones, quiera ahora darme los lujos que nunca tuve.

Uso del dinero sin planeación. Es recomendable que se pongan límites de montos para gastar, es decir, si hay que adquirir algún artículo de montos significativos, se debe acordar en pareja.

Ahora bien, si existe liquidez (capacidad real de pago) para ciertos montos considerados bajos por ambos se establece que la decisión puede ser individual siempre que se encuentre dentro del presupuesto planeado y acordado.

Es importante ser consciente de que el dinero disponible es familiar. Especialmente cuando vengan los hijos, se recomienda asignarle a cada uno una cantidad de dinero o mesada para sus gastos personales, dinero que podrá gastar según sus necesidades.

Recomendaciones

- *Unidad:* comprender que ambos son un EQUIPO. Esto genera confianza y respeto y garantiza una mejor comunicación. Deben recordar que, al unirse en matrimonio, ya pueden contar con su pareja para juntos construir un bello proyecto de vida. Las parejas unidas tienen mayor probabilidad de lograr sus metas y superar los obstáculos que se les presenten durante su vida matrimonial.

- *Comunicación.* Se recomienda mejorar la forma de pensar y el lenguaje referido a nuestra casa, nuestro automóvil, nuestros hijos, nuestras cuentas y nuestros bienes. Ambos deben ser abiertos en poder expresar ideas y aportar por el bienestar de la familia. Por otro lado, cada uno debe estar en disposición de escuchar atentamente a su pareja, cuando le recomiende o le haga ver una opinión diferente.

– *Planificación.* Se deben tener planes y proyectos de vida juntos. Las parejas que toman espacios para compartir sueños se unen más y ponen lo mejor de ambos para lograr las metas. Valoren concretar acuerdos sobre cómo van a alcanzar sus proyectos, como casa propia, hijos y viajes, entre otros.

– *Apoyo.* Deben construir acuerdos sobre el uso del dinero como pareja (cuentas separadas y conjuntas). Tal como se ha recomendado anteriormente, lo ideal es una cuenta conjunta para gastos comunes y otra individual para cada miembro de la pareja. La pareja que se apoya en las buenas y en las malas es aquella que sabe llegar a acuerdos si, por algún motivo, los planes no salen como se esperaba o si uno de los dos pierde su empleo.

– *Respeto.* Implica tomar decisiones financieras en conjunto. Es necesario conversar todo lo que se requiera para clarificar expectativas con relación al dinero. Para este caso no se aplica la frase popular: «Hable ahora o calle para siempre». Es necesario conversar las veces que se requiera para dejar en claro decisiones conjuntas como planes de pensión futura, educación de los hijos, entre otros. El respeto es el ingrediente estrella de toda relación; respetar a mi pareja sea que genere ingresos o no, sea que gane menos o más, sea que esté mejor preparada académicamente o no, sea empresaria o no, es fundamental para la salud emocional de la pareja. El respeto se manifiesta desde el tono de la voz con que nos dirigimos a nuestra pareja, hasta el apego a los acuerdos que tomemos en conjunto.

> **Es necesario conversar las veces que se requiera para dejar en claro decisiones conjuntas.**

– *Confianza*. Consiste en asignar roles para tomar decisiones más asertivas, valorando las áreas fuertes y débiles de cada cónyuge. Debo confiar en las fortalezas de mi pareja y no esperar a que se comporte o sea igual que yo. Si uno de los dos es olvidadizo, es mejor que el más cuidadoso pague las cuentas importantes que no admiten retraso alguno.

– *Disciplina*. Es rendir cuentas y poner límites. Evite los secretos financieros. Deben establecer líneas claras antes y durante el matrimonio respecto a la administración de la economía familiar; evitará discusiones futuras. No tengan temor de preguntar ni de explicar cómo usan el dinero, sin caer en un sobrecontrol y sin estar hablando todo el día de lo mismo. Tomen al menos un día al mes para planear y ser disciplinados en respetar lo proyectado, y rendirse cuentas o tomar decisiones cuando sea necesario. Un ejemplo es decir que van a gastar un monto determinado en las compras de los alimentos y tener la disciplina de respetar al máximo el no pasarse del límite de ese monto.

– *Transparencia*. Es vivir sin nada que esconder. Un elemento fundamental es cuando en la familia se vive con transparencia en lo que se gana y lo que se gasta. Si un miembro de la familia da ayuda a la suegra debe hacerlo de forma transparente. Cuando hay transparencia, hay tranquilidad.

Principio de sabiduría:
¡Armonía!

«En fin, vivan en armonía los unos con los otros; compartan penas y alegrías, practiquen el amor fraternal, sean compasivos y humildes. No devuelvan mal por mal ni insulto por insulto; más bien, bendigan, porque para esto fueron llamados, para heredar una bendición».[15]

15. 1P 3.8-9.

Un hogar, una pareja, una familia que se esfuerce por vivir este principio enseñado y escrito por el apóstol Pedro, definitivamente lo va a reflejar en la forma en que administran las finanzas en conjunto. La armonía requiere de al menos dos partes para que funcione. Si hay una persona que desea la armonía, pero la otra no, va a complicar la relación. Tener las finanzas en armonía depende en gran parte de la actitud y capacidad de compartir las penas y las alegrías. Cuando por encima del dinero ponemos el amor fraternal, cuando por encima de nuestra situación financiera aprendemos a ser compasivos y humildes, se facilita llegar a acuerdos y ceder cuando hay que ceder, y corregir cuando hay que corregir.

Dios, cuando creó al hombre y la mujer, estableció que serían una sola unidad para compartir todo lo que se dispuso en el Edén; no existía lo tuyo, ni lo mío, sino lo de ambos. No vemos a Adán diciendo «este es mi huerto», ni a Eva diciendo «deja mis ovejas tranquilas».

Las finanzas pueden ser motivo de discusión, por ello, cuando en un momento de estrés alguno dice algo que no debió y hiere a su cónyuge, no solo debe pedir perdón, sino que la otra persona no devolverá mal por mal, ni insulto por insulto, sino que por el contrario bendecirá a su pareja. Es decir, hablará bien de su pareja ante otros, le será leal, le cuidará las espaldas y le ayudará a salir adelante.

Cuando una pareja decide sumar sus alegrías y dividir sus cargas financieras, el peso se vuelve liviano y, especialmente, cuando la pareja decide llevar una vida más espiritual que le ayude a ver más allá de lo material en su relación, experimenta lo que dijo el apóstol Pedro: hemos sido llamados «para heredar una bendición» y no solo bienes materiales.

Si bien es cierto que las parejas pueden distribuir sus ingresos para administrar lo de él, lo de ella y lo de ambos de forma justa y equilibrada, debemos siempre tener conciencia de que todo lo que tenemos —lo tuyo, lo mío y lo nuestro— le pertenece a Dios, y por ello oramos en el Padre Nuestro: «Danos hoy el pan de cada día». En otras palabras, reconocemos que Dios es nuestro proveedor, y que nuestro rol es administrar. Considero que mi padre y mi madre son excelentes mayordomos de los bienes que Dios les ha dado, siempre le dan buen mantenimiento a la casa, y los electrodomésticos, comparten lo que tienen y nunca se han aferrado a nada en sus más de ochenta años de edad , ni a casa, auto, bienes, ni al dinero, ni a la ropa, mostrando que estamos de paso por este mundo y que sin nada venimos y nada nos llevaremos.

Desafío:

Revisen su relación de pareja e identifiquen cuáles de los aspectos compartidos en este capítulo les han dado buenos resultados. Si por algún motivo se han abierto heridas en nombre de las finanzas, aproveche para pedir perdón a su pareja. Si no han compartido abiertamente cuánto ganan, tomen un momento con mucho respeto para hacerlo. Por favor, no reproche ni reclame a su pareja, solo escúchele. Vale la pena crecer juntos.

EJERCICIOS DE EVALUACIÓN

– Lleguen a acuerdos sobre cómo creen que se pueden complementar si alguno de ustedes se considera ahorrador o gastador, arriesgado o conservador, ordenado o despistado?

– Identifique en qué es mejor cada uno: administrando, llevando controles, haciendo compras.

– Organicen su presupuesto conjunto y el presupuesto individual.

Capítulo 8

Cuando ellas ganan más que ellos

Dinero es...

> «¿Qué locura o qué desatino
> me lleva a contar las faltas aje-
> nas, teniendo tanto que decir
> de las mías?».
>
> **Cervantes**

MI padre dice: «Cuentas claras, amistades largas». Si bien es cierto que cada vez más las mujeres asumen puestos laborales importantes y es un avance significativo y debe crecer la igualdad entre hombres y mujeres en materia laboral, aún se mantiene una brecha salarial importante. Esta práctica hace que sea más difícil para el varón manejar el hecho de que su cónyuge tenga mejor salario que él.

Reacciones comunes

¿Cómo pueden reaccionar los hombres ante este hecho? Esto va a depender de tres aspectos:

1. SU GRADO DE MACHISMO O COMPETICIÓN.

Según los estudios de antropología de la investigadora Tanya Brizuela, por muchos años los hombres han usado la sexualidad y su trabajo como proveedores financieros para validar su masculinidad. Con el pasar del tiempo, las mujeres han ido ganando terreno en el ámbito laboral, lo que hace que no necesariamente el hombre sea la fuente única de sostenimiento económico de la familia. Esta situación aumenta cuando ella gana más que él. Si el hombre es muy machista, le va a afectar mucho más, pues, de alguna manera, percibe que pierde terreno.

Por otro lado, la sociedad crea una tensión secreta[16] cuando sabe que la esposa gana más que el esposo y tiende a darle menos valor al hombre de forma indirecta. Esta tensión es percibida por el hombre, por lo que evita tocar el tema con otros hombres y personas conocidas o cercanas a la familia, porque se supone «culturalmente» que el hombre debe ganar más que la mujer.

Si el hombre es muy competitivo, machista y carece de confianza en sí mismo, puede tener problemas con que su esposa gane más y reaccionar negativamente ante esa realidad.

Sin embargo, si el hombre tiene un claro sentido de igualdad podría más bien alegrarse de que su esposa prospere y gane más.

2. HISTORIA FAMILIAR.

Si el hombre viene de un modelo padre-proveedor, el hecho de que la mujer gane más le puede crear un conflicto interno y hacer más difícil el manejo de la relación, especialmente si esta situación se ventila en el ámbito familiar. De la misma

---

16. El profesor Goyvarts de la Universidad de Amberes, en Bélgica, afirma que hay tensión secreta cuando existe alguna tensión o diferencia, sea racial, de género o étnico, pero no se manifiesta abiertamente, que puede explotar en cualquier momento.

manera, si viene de un hogar muy equitativo en el trato, el que su esposa gane más no va a ser un tema de conflicto, especialmente en una sociedad donde cada vez es más común que la mujer pueda ganar más que el hombre. Dentro de la historia familiar de ella, podría ser conflicto si la esposa viene de un patrón familiar donde el papá era el proveedor, especialmente si ella espera que el hombre sea como su padre. Al ver ella que gana más que su esposo podría sentir que él no cumple su rol. Sin embargo, si ella lo asume correctamente, no va tener problema con ganar más que él. De igual manera, si ella viene de un hogar donde su madre enfrentó sola la provisión del hogar sin ayuda paterna, va a ver como normal ser proveedora incluso ganar más que su esposo.

> **La sociedad crea una tensión secreta cuando sabe que la esposa gana más que el esposo.**

3. LO QUE EL DINERO REPRESENTA PARA ÉL O ELLA.

Este es un punto clave. Expertos de la comunidad cristiana Willow Creek, en Chicago, diseñaron un curso llamado *Buen Sentido*, que contiene un cuestionario sencillo que pueden encontrar al final de este capitulo,[17] que aproxima lo que representa el dinero para una persona, a saber: seguridad, amor, libertad y poder. Para facilitar su comprensión diseñamos un gráfico que muestre esos énfasis.

Veamos los **cuatro cuadrantes** que pueden influir en el dinero:

A. Cuando el dinero es LIBERTAD.

Para quienes relacionan el dinero con la libertad, «el dinero representa la libertad de hacer lo que se desee». Usualmente ven el dinero como una oportunidad de ir y hacer cosas que

---

17. Dick Towner y John Tolifon, creadores del curso *Buen Sentido* de la Comunidad Willow Creek.

les gusta o divierte, como salir a comer, ir al cine, viajar, entre otros.

Cuando la respuesta es positiva a preguntas como: ¿el dinero me da la oportunidad de hacer muchas cosas y lo que quiero?, es una señal que podemos tender más a ver el dinero como fuente de libertad. Además, les hace sentirse personas seguras, a veces da propinas, no le gusta sentirse endeudado, aunque puede olvidar pagar sus cuentas.

Dinero es ...

Cuando la esposa gana más que el hombre y para él el dinero es más una fuente de libertad, podría sentir celos por percibir coartada su libertad, no tanto por lo que ella pueda tener, sino por lo que él no puede hacer, y le afecta si debe pedirle a ella dinero para ir a algún sitio.

Se puede correr el riesgo de que él la manipule para tener dinero para él irse a divertir o salir con amigos. Ahora, cuando tanto ella como él relacionan el dinero con libertad, pueden excederse en paseos, viajes y salir a comer fuera de casa. Tal como una pareja que atendí, cuyos recibos por comidas rápidas y en restaurantes cada fin de semana era muy alta, y ambos tenían alto el grado de libertad con relación al dinero.

Por otro lado, si la esposa relaciona el dinero con el poder y gana más, puede usar el dinero para gastar en lujos y productos de alto costo.

B. *Cuando el dinero es SEGURIDAD.*

Este es uno de los principales factores que se reflejan en las personas que vienen mayormente de hogares proveedores, y cuando el dinero representa especialmente seguridad significa que «la persona necesita sentirse segura y desea estabilidad, y la protección que el dinero supuestamente provee».

Cuando la respuesta es positiva a preguntas como: «Cuando tengo dinero ¿siento tranquilidad y una fuerte sensación de protección?», es una señal de que podemos tender más a ver el dinero como base de nuestra seguridad. Un indicador es que la persona, cuando tiene dinero, prefiere priorizar los pagos de vivienda, comida, estudio y salud, por encima de la recreación.

Cuando la mujer gana más que el hombre y para él el dinero representa seguridad, podrían mostrar síntomas de baja autoestima y una sensación de no cumplir el rol de protector-proveedor que se supone «culturalmente» debe cumplir con su pareja y familia. Mientras que si para la mujer el dinero es seguridad y esta gana más, lo ve como un escudo para su familia, para que no le falte nada.

Dinero es ...

C. *Cuando el dinero es PODER.*

Cuando el dinero representa principalmente poder y, según este test, significa que «el éxito personal y el control son importantes para la persona, y esta aprecia el poder que el dinero a veces le puede dar».[18] Es cuando uno de los dos busca mantener buena imagen y estatus a través del dinero. Algunos indicadores son que prefiere ropa de marca, suele pagar las cuentas, el dinero le hace sentir capaz y, por ello, hasta puede pedir prestado para lograr sus metas.

Dinero es ...

Si para el hombre el poder es importante, puede sentir que pierde poder en la relación y que la mujer le domina.

El hombre puede experimentar la sensación de pérdida de autoridad y una falsa sensación de pérdida de control sobre lo que sucede en el tema financiero.

El hombre con alto grado de dominancia y con alto grado de control puede tratar de intervenir el dinero que su esposa gana, como una forma de sentir que mantiene el poder.

18. Dick Towner y John Tofilon, *Curso del presupuesto del buen sentido: guía del líder* (South Barrington, IL: Willow Creek Resources, 2004) pp. 287-8.

Que la esposa trate de dominar sobre el hombre basándose en el nivel de ingresos, sería un error que puede generar mucho conflicto.

Por otro lado, si la esposa relaciona el dinero con el poder y gana más, puede usar el dinero para gastar en lujos y productos de alto costo.

D. Cuando el dinero es AMOR.

Cuando el dinero representa amor para alguna persona, es cuando «le gusta usar el dinero para expresar el amor y establecer relaciones». Usualmente, cuando la persona relaciona dinero igual a amor, suele dar regalos caros como muestra de su amor. Y cuando la mujer gana más que el hombre y, adicionalmente, para el hombre el dinero representa amor, el hombre puede sentir que no ama tanto a su familia como lo hace su esposa.

Una pregunta típica que puede reflejar esta situación es: ¿suelo yo dar regalos costosos como forma de demostrar el amor a quienes aprecio? Puede tender a pagar las cuentas o dar ayudas financieras como muestra de aprecio. La persona en este caso piensa: «Cuanto más caro... más amor expreso».

Dinero es ...

A veces el hombre puede experimentar culpabilidad por no poder demostrar tanto el amor, tanto como sí lo expresa su esposa con obsequios. A veces la persona puede sentirse triste en la relación, sobre todo en fechas especiales como el Día del Amor, aniversarios, cumpleaños y Navidad, en donde no cuenta con la solvencia económica que le permita mostrar amor en la forma que cree es la correcta: con regalos o salidas costosas.

Estos cuatro elementos deben verse a la luz de si la persona es gastadora, arriesgada o ahorradora. Por ejemplo, si una persona tiende a la seguridad puede pensar más en el ahorro. Mientras que si es gastadora y, a la vez, el dinero representa libertad, puede caer en excesos para divertirse, y si es gastadora y el dinero representa poder, pueden excederse comprando artículos costosos. Cuando alguno es arriesgado podría endeudarse para cualquiera de los cuadrantes, sea para mostrar amor comprando un regalo con tarjeta de crédito, o bien endeudarse para viajar o para comprar un auto fuera de su alcance y estilo de vida.

> **¿Suelo yo dar regalos costosos como forma de demostrar el amor a quienes aprecio?**

Seis recomendaciones para tener en cuenta

Tanto el hombre como la mujer deben tratar de promover seis actitudes para que la diferencia salarial no sea un tema de distanciamiento:

1. *Deje la vergüenza de lado.* Ya que el dinero no hace diferencia entre capacidad de amar, proteger, sentir libertad y que no es un recurso de poder, ni el hombre debe sentirse mal si gana menos, ni la mujer debe sentirse mal si gana más. Dejen de lado las apariencias en las relaciones sociales y dirijan su atención a fortalecer su relación de pareja y celebrar los éxitos de cada uno.

2. Acepten que los tiempos han cambiado. Hoy en día las parejas deben estar listas para convivir con el hecho de que una mujer puede ganar más que el hombre y disfrutar de esta situación y no verla como un obstáculo para la relación, sino como un beneficio para la pareja, que les permitirá lograr sus metas. Es vital ser consciente del hecho de que ella gane más que él no es un fracaso del hombre ni un triunfo de la mujer. La esposa también debe asimilar estos cambios y no menospreciar al esposo por el hecho de que gana menos. Dios los ha hecho iguales, al hombre y la mujer, con grandes capacidades para desarrollarse como personas, profesionales, empresarios y trabajadores.

3. Recuerden que las finanzas son compartidas. Entender que las finanzas no son de él o ella, sino de ambos, y que son compartidas es fundamental, pues de esa manera verán como natural el unir sus recursos por un fin común y una relación de pareja y familia, como se expuso en capítulos anteriores.

4. Demuestren que nadie es más que nadie. Recuerden que nadan contra cultura y, por ende, deben saber manejarlo en su entorno familiar, laboral y social. Esto toca las fibras del machismo y el matriarcado, porque el hombre puede sentirse mal y la mujer puede reclamar al hombre por ser «hombre». Es decir, si ambos entendemos que ser hombre o mujer no nos hace diferentes en el campo laboral y salarial, va a facilitar unas relaciones con más armonía. Eviten usar el argumento del salario para herir o discutir, pues eso agravaría la relación.

5. Honren a su pareja. Hágale ver que usted le ama por lo que es y no por lo que gana. Eso sí, no finja ni trate de esconder el hecho de que gana menos o que gana más, sino juntos planifiquen cómo distribuir sus ingresos, de forma tal que bendiga y enriquezca la relación de pareja. Hablen bien de su pareja en los ambientes en que se desenvuelvan, eso también es amor.

6. Cuiden su visión del dinero. Reconozcan si para ustedes el dinero es amor, seguridad, libertad o poder, o si hay diferencias entre ambos. Esto les ayudará a sobrellevar la relación y a priorizar el dinero de forma equilibrada. Recuerdo a cierta pareja en la que para él el dinero era mayormente libertad y poder, así que le gustaba gastar saliendo a divertirse y a comer fuera con la familia, mientras que para ella el dinero representaba mayormente seguridad y amor, por lo que su prioridad era la comida, la vivienda, la salud, el estudio y el ahorro. Fue así como descubrieron que debían complementarse de forma equilibrada.

Principio de sabiduría:
¡Autoimagen correcta!

«Por la gracia que se me ha dado, les digo a todos ustedes: Nadie tenga un concepto de sí más alto que el que debe tener, sino más bien piense de sí mismo con moderación, según la medida de fe que Dios le haya dado».[19]

El apóstol Pablo invita a los ciudadanos romanos a que piensen con cordura de ellos mismos, ya que habían diferencias sobre quién era más importante, si libre o esclavo, si hombre o mujer, y les aclara que todos se necesitan unos a otros. Podemos extraer algunos principios válidos para la relación de pareja, y aun de familia. Por ejemplo, la importancia de ser humildes y no sentirnos superiores a los demás solo porque él o ella —y a veces los hijos— pueden ganar más y quieren asumir un rol de «jefes», sin darnos cuenta de que nos necesitamos unos a otros. Debemos pensar correctamente de nosotros mismos, ni más alto que los demás ni sentirnos inferiores por el tema económi-

19. Ro 12.3.

co. Esto no invalida el llamado de ver a los demás como superiores a nosotros mismos como acto de humildad, pues nunca vamos a ser mejor que todos en todo, siempre alguien tendrá virtudes y dones que usted requiere. La clave es pensar de nosotros mismos con moderación como lo hizo Jesús. Piense: ¿Quién es más rico: quien tiene muchas cosas pero debe casi todo, quien tiene poco pero sin mucha o ninguna deuda o quien no teniendo mucho lo comparte?

La sociedad nos valora por quién tiene más dinero o bienes, y, muchas veces, cuanto más gana una persona, más tendencia puede tener a sentirse superior. Esta actitud la viven tanto hombres como mujeres cuando uno gana más que el otro. Incluso hijos o hijas que cuando proveen en casa asumen el rol de jefes. La sabiduría bíblica enseña que nadie se sienta más que nadie, ya que al final todos somos iguales ante los ojos de Dios, y debemos ver con agrado cuando Dios provee a un miembro de la familia, sea su esposo, esposa o hijos.

Desafío:

1. Reconozca y acepte el hecho de que la mujer puede ganar más que un hombre.

2. Motive a su cónyuge si gana menos y hágale ver que su matrimonio no depende de quién gana más o menos sino del amor que ambos se expresan.

EJERCICIOS DE EVALUACIÓN

- Revise el ejercicio para conocer qué tanto representa para usted el dinero seguridad, amor, libertad y poder.

- Si sus percepciones con respecto al dinero difieren, dialoguen sobre cómo esto les puede beneficiar o perjudicar.

- Si su cónyuge gana más que usted y esto les ha traído discusiones y tensiones «secretas», convérselo con su pareja y, de ser necesario, pida perdón.

EXAMEN DE MOTIVACION HACIA EL DINERO DE FORMA INDIVIDUAL

Haga un círculo alrededor de la letra que mejor describe su respuesta para cada afirmación:

1. El dinero es importante porque me permite...

   a. Hacer lo que quiero hacer

   b. Sentirme seguro

   c. Salir adelante en la vida

   d. Comprar cosas para otros

2. Pienso que el dinero...

   a. Libera mi tiempo

   b. Puede resolver mis problemas

   c. Es un medio para lograr un fin.

   d. Ayuda a suavizar las relaciones

3. Con respecto a ahorrar dinero, yo...

   a. No tengo un plan y raramente ahorro

   b. Tengo un plan y lo cumplo estrictamente

   c. No tengo un plan, pero aun así logro ahorrar

   d. No gano suficiente dinero para poder ahorrar

4. Si alguien pregunta acerca de mis finanzas, yo...

   a. Me pongo a la defensiva

   b. Me doy cuenta de que necesito más educación e Información

   c. Me siento cómodo y competente

   d. Preferiría hablar de otra cosa

5. Al hacer una compra mayor, yo...

   a. Acato lo que me indica mi intuición

   b. Investigo mucho antes de comprar

   c. Me hago cargo, es el dinero mío/nuestro

   d. Pregunto primero a mis amigos/familia

6. Si me sobra dinero al fin del mes, yo...

a. Salgo y me divierto

b. Ahorro ese dinero

c. Busco una buena inversión

d. Compro un regalo a alguien

7. Si descubro que pagué más que un amigo por algo...

a. No me importa en lo más mínimo

b. Pienso que está bien porque a veces yo también encuentro gangas

c. Asumo que gastaron más tiempo buscando, y el tiempo vale dinero

d. Me siento disgustado y enojado conmigo mismo

8. Al pagar mis deudas, yo...

a. Lo postergo y a veces me olvido

b. Las pago justo cuando se deben, pero no antes

c. Pago cuando tengo tiempo, pero no quiero que me molesten

d. Me preocupa que mi crédito sufrirá si salto un pago

9. Con respecto a tomar dinero prestado, yo....

a. Nunca lo hago/no quiero sentirme endeudado

b. Solamente tomo prestado como último recurso

c. Me inclino a tomar prestado de bancos u otros

d. Pido prestado a amigos o parientes porque saben que soy buena pagadora

10. Cuando salgo a comer con amigos, prefiero...

a. Dividir la cuenta proporcionalmente

b. Pido cuentas por separado

c. Cargo la cuenta a mi tarjeta bancaria y cobro de los demás

d. Pago la cuenta por todos porque me gusta invitar a mis amigos

11. Con respecto a las propinas, yo...

a. A veces la doy y a veces no

b. Soy muy tacaño

c. Lo resiento, pero siempre doy la cantidad correcta

d. Doy generosamente porque quiero impresionar

12. Si de repente recibiera mucho dinero, yo...

a. No tendría que trabajar

b. No tendría que preocuparme del futuro

c. Podría de veras acrecentar mi negocio

d. Gastaría mucho en la familia y mis amigos
y disfrutaría de más tiempo con ellos

13. Si estoy indeciso de una compra, a menudo me digo...

a. Que solo es dinero

b. Que es una ganga

c. Que es una buena inversión

d. Que a él/ella le va a encantar

14. En nuestra familia...

a. Yo manejo todo el dinero y pago todas las cuentas.

b. Mi pareja se encarga de todas las finanzas.

c. Yo pago las cuentas mías y mi pareja igual

d. Nos sentamos juntos para pagar las cuentas

15. Pregunta extra:

Describa cómo se manejaba el dinero en su familia de origen. ¿Quién manejaba el presupuesto familiar? ¿Era esa persona gastadora o ahorradora? ¿Cuál es usted?

Calificación:	____ **TOTAL:** a = LIBERTAD
Sume la cantidad de respuestas a las preguntas 1 a 14 por cada letra:	____ **TOTAL:** b = SEGURIDAD
	____ **TOTAL:** c = PODER
	____ **TOTAL:** d = AMOR

Revise los resultados con su familia a la luz de lo expuesto en este capítulo.

Fuente: Dick Towner, *Curso Buen Sentido*.

Capítulo 9

¿Qué hacer cuando su cónyuge es tacaño y controlador?

«La paz comienza con una sonrisa».

Madre Teresa

«¡Todos los extremos son malos!», suele decir mi padre, y tiene toda la razón. Tan dañino puede ser una persona muy gastadora como alguien que sea muy controlador. Tal vez no es su caso, pero vale la pena leer este capítulo para no caer en este comportamiento. La relación de pareja debe ser una relación de libertad e igualdad, ninguno debería imponerle al otro cómo emplear el dinero, ni cuánto usar.

Cuidar las finanzas es bueno, pero excederse en controles puede causar serios problemas en su familia y convertir el hogar en una prisión financiera, donde no se puede hacer nada sin vigilancia ni control, y donde se reprime y castiga al que gasta, lo cual lleva a las personas a andar ocultándose para hacer los gastos y se crea un régimen casi represivo de ellos.

«¿Cómo se sentiría usted si su marido no le diera ni un centavo para una mamografía o cita médica?», comentó una mujer. «¡Mi esposa me pide cuentas de cada moneda que gasto!», se quejaba un marido. O, aún peor, ¿qué si su cónyuge le controla hasta lo que gasta en comida, higiene o en sus hijos? ¡Supe de un hombre que controlaba hasta el papel higiénico que se gastaba!

Que usted ayude a su cónyuge a controlar su presupuesto puede ser positivo si él o ella es una persona muy gastadora, pero un martirio si no le deja ni respirar.

Si a estos controles de gastos se le suman eventuales presiones de las deudas y otros conflictos de pareja, pueden ser una combinación muy riesgosa que puede dar al traste con la relación si no se abordan adecuada, sabia y oportunamente.

Síntomas de una persona controladora de las finanzas:

a. Es obsesiva controlando cada centavo. Este extremo puede ser dañino y crear un mal ambiente en el hogar, pues las relaciones familiares giran en torno al dinero y no en torno al aprecio, al cariño y al sano compartir en la familia. La persona obsesiva anda apagando luces, les dice a los demás qué hacer, prefiere que las cosas se hagan a su manera, sea al decidir sobre una compra, un paseo o una fiesta. Vive pidiendo cuentas al desayunar, almorzar, cenar y al ir a dormir. Podría llevar controles de gastos en la computadora o un cuaderno. Conocí un profesor que abrumaba a su esposa e hijos con sus excesivos controles y se enorgullecía de ello, pero estaba olvidando que hería a su familia por sus actitudes en extremo controladoras. Otras mujeres pueden caer en el sobrecontrol cuando son las que administran el dinero, al punto de dárselo a sus esposos y luego preguntarles cómo lo gastaron.

b. Es tacaña con su pareja e ignora las necesidades de la persona amada. La persona en extremo tacaña puede anteponer su proyecto de ahorro o economía por encima de lo que su pareja o familia necesite. Es increíble que algunas mujeres deben pedir permiso a sus esposos hasta para comprar sus artículos de uso personal. Incluso hay mujeres que generan ingresos, cuyos esposos les piden el dinero y luego ellas deben pedirles a ellos para cubrir sus necesidades. Esto no es del todo sano y, definitivamente, conduce a un deterioro progresivo en la relación.

c. Se cree JEFE de su pareja, y pide cuentas por cada gasto pero NUNCA da cuentas de lo que gana, gasta y ahorra. Esto es típico. Asignan mesadas incluso a su cónyuge y piden cuentas. La persona controladora tiende a pensar que solo él o ella está en lo correcto y que es excelente administrando el dinero. Por ello no siente la necesidad de rendir cuentas a la familia ni a su pareja, pero estos sí deben darle cuentas a quien controla el dinero, pues supone que tiene toda la verdad en cuanto a cómo se debe priorizar el presupuesto. Lo interesante es que no siempre siente que deben explicar a la familia cómo utiliza el dinero. Debemos respetar a nuestro cónyuge y no tener un concepto más alto de nosotros mismos.

d. Tienen un alto grado de dominancia en su personalidad. Probablemente, si se le aplicara un test a esta persona —como el de Career Direct—[20] veríamos que tienden a ser dominantes en sus palabras, algo inflexibles en lo que piensan que es lo correcto. Y si, por otro lado, el cónyuge es llevadero, la relación se vuelve en extremo desigual.

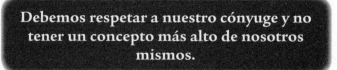

Debemos respetar a nuestro cónyuge y no tener un concepto más alto de nosotros mismos.

---

20. Ver www.enfoquealafamilia.com, sección Career Direct.

¿Qué hacer?

a. Trabaje en su propia persona. En una relación de esta naturaleza, su autoestima puede ser afectada. Usted es una persona valiosa. Reconozca sus virtudes y lo que usted aporta al hogar, que generalmente va más allá de lo financiero. Usted debe valorar las capacidades que Dios le ha dado.

Es importante reconocer que debe enfrentar la situación de una relación represiva en lo financiero, y que posiblemente tenga ramificaciones en otras áreas del matrimonio. De ser necesario, busque ayuda especializada de un consejero que les ayude a enfrentar y superar esta situación. Por otro lado, usted puede evaluar cuál es su comportamiento financiero a fin de asegurar que tiene buenos hábitos en este ámbito.

b. Rompa el silencio. Exprésele a su pareja sin temor, con amor y con respeto cómo su actitud tan CONTROLADORA le afecta a usted. Muchas veces las personas actúan de forma controladora y creen que está bien, incluso creen que su cónyuge les admira por tener tanto orden en las finanzas y piensan que lo están haciendo de maravilla. Pero, cuando se le expone de forma respetuosa y en un momento especial, la persona controladora puede sorprenderse de saber lo que usted ha estado sintiendo por meses —incluso años— y no se extrañe si le dice: «Pero ¿por qué no me lo dijiste antes? ¡Pensé que estabas de acuerdo! ¡Perdón!». Recuerdo que, después de un programa de televisión donde abordamos este tema, una mujer llamó diciendo lo oprimida que se sentía por su marido durante años y, a raíz del programa, decidió dar el paso de conversarlo con él. Luego me escribió diciendo que su esposo había reaccionado positivamente a sus sentimientos, y que empezó a cambiar su actitud de control por una actitud de conciliación y respeto hacia ella, pues él no se había percatado del daño que estaba causando a su matrimonio.

c. Busque un respiro financiero. Trate de generar u obtener otros ingresos por su cuenta que le permitan a usted cierto grado de independencia financiera y no depender cien por cien de su pareja para atender sus necesidades. Sin embargo, si usted genera ya ingresos y aun así su cónyuge se los controla, definitivamente, deben acudir a ayuda profesional.

d. Propóngale que trabajen juntos en un plan y distribuyan los ingresos, después de leer este capítulo, de acuerdo a lo que ambos consideran importante. Para ello el capítulo de «Es lo tuyo, lo mío o es lo nuestro» es clave, ya que damos ideas de cómo organizar el presupuesto de forma justa y equilibrada.

e. Busquen consejo de un especialista, sobre todo si no han logrado dialogar de forma respetuosa. Para ello ambos deben estar de acuerdo en buscar ser asistidos en esta situación, a fin de que el abordaje les ayude a mediar en sus diferencias, especialmente si hay riesgo de agresión o si no llegan a un acuerdo.

Unas palabras para las personas CONTROLADORAS:

*Primero, **nunca subestime los sentimientos de su pareja.*** La relación de matrimonio se alimenta de decisiones y de sentimientos. Cuando los sentimientos de uno de los dos se ven heridos pueden crear un distanciamiento que luego es difícil —aunque no imposible— de recuperar. Tome tiempo para escuchar, por favor, no hable, solo escuche lo que siente, trate de ponerse en su lugar validando y dando importancia a sus emociones. Use frases como «te entiendo». Probablemente usted controla pensando en el bienestar de la familia, pero la forma es la que puede estar afectando y causando heridas en ella. Pregúntele desde hace cuándo se siente así y consúltele cómo le gustaría que se organizaran y decidieran con respecto al dinero.

Segundo, preste atención a quejas abiertas o quejas pasivas de su pareja. Los reclamos pueden ser verbales o mediante gestos. Si su cónyuge es introvertido o más callado, es muy probable que poco exprese lo que siente, por ello es mejor hacer preguntas de verificación como: «¿Qué te parece? ¿Estás de acuerdo?». Por otro lado, si su cónyuge es extrovertido o más expresivo, puede ser que constantemente le haya escuchado expresar alguna molestia o desacuerdo en la forma en que usted decide sobre el dinero y la forma en que les controla. Es vital, en este caso, escuchar atentamente, no argumentar sin antes escuchar, y luego reconocer y valorar que su cónyuge le exprese lo que siente. Es muy importante, después de escuchar, hacer algo al respecto; tome decisiones visibles de que usted va a cambiar su forma de velar por la salud financiera del hogar.

> **Use frases como «te entiendo».**

Tercero, haga cambios y, con cierta regularidad, consulte a su pareja. Una vez que usted da pasos concretos y toma acción para resolver el conflicto de exceso de control, es importante que, cada cierto tiempo, consulte a su pareja si esta cree que va todo bien y si está de acuerdo en la forma de planear y usar el dinero. Esta actitud va a demostrarle a su pareja que a usted le importa lo que piensa y que está dispuesto a mejorar. Incluso pregunte si tiene sugerencias que les ayuden a ambos a ser buenos administradores del dinero y, sobre todo, que disfruten.

Cuarto, no arriesgue su relación por una obsesión en el control de los gastos y el dinero. Su relación vale más que el dinero. No deje que los pequeños desacuerdos de dinero en familia minen su relación. Recuerde que el dinero es un medio, no un fin en sí mismo. Piense por un instante en todos los bellos momentos que han pasado juntos, y en sus sueños como matrimonio. No vale la pena echar por la borda todo este tiempo juntos como pareja por una actitud obsesiva de control de las finanzas del hogar. En este libro le damos varios consejos que le pueden ayudar a mejorar sustancialmente su relación de pareja y sus finanzas sin necesidad de caer en comportamientos extremos.

PRINCIPIO DE SABIDURÍA:
¡Amar es respetar!

«Así mismo el esposo debe amar a su esposa como a su propio cuerpo».[21]

Los esposos y las esposas deben amarse y respetarse. Ningún cónyuge es mayor que el otro. Ambos deben promover la admiración y el respeto mutuo. Ambos deben sentir la libertad de expresar lo que sienten y perciben el uno del otro. Ambos deben escuchar no solo sus palabras, sino sentir el corazón. Ambos deben tener la apertura de ajustar sus comportamientos y mejorar su actitud para sobrellevar su forma de ser a fin de que ambos sumen y no resten a la relación. El amor —decía San Pablo— no busca lo suyo.

La riqueza de un matrimonio aumenta cuando ambos deciden reconocer y respetar la opinión y las capacidades de su cónyuge. Es saber tratarle como nos gustaría que nos traten, es respetarle como nos gustaría que nos respeten y es amarle como nos gustaría que nos amen. Sembrar respeto y amor es el mejor ingrediente para una relación duradera y en la cual ambos disfrutan decidiendo juntos, no solo en temas financieros, sino en otros aspectos y proyectos de familia.

---

21. Ef 5:28.

DESAFÍO:

Si usted está pasando por esta situación —sea que tiende a controlar o que su cónyuge le controla demasiado— decida hablar con su pareja y, de ser necesario, con una persona que les aconseje.

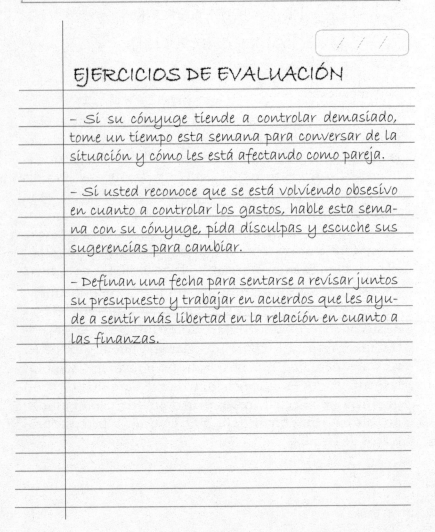

EJERCICIOS DE EVALUACIÓN

- Si su cónyuge tiende a controlar demasiado, tome un tiempo esta semana para conversar de la situación y cómo les está afectando como pareja.

- Si usted reconoce que se está volviendo obsesivo en cuanto a controlar los gastos, hable esta semana con su cónyuge, pida disculpas y escuche sus sugerencias para cambiar.

- Definan una fecha para sentarse a revisar juntos su presupuesto y trabajar en acuerdos que les ayude a sentir más libertad en la relación en cuanto a las finanzas.

Capítulo 10

¿Cómo criar hijos e hijas financieramente saludables?

> *«Los bebés son expuestos a fuertes cargas de publicidad antes de que puedan hablar».*
>
> Mary Hunt

Cuando en seminarios pido a la gente que mencione dos personas que influyeron poderosamente en su vida, surgen siempre **«mamá y papá»**. Para muchos de nosotros es todo un desafío enseñar a nuestros hijos sobre principios financieros.

Según sondeos que hemos hecho, la mitad de las personas aducen que no fueron enseñadas a ahorrar. Luego, siete de cada diez personas aseguran no hacer un plan de gastos. Si nos es difícil ayudarles a salir adelante en sus estudios académicos, ¡cuánto más enseñarles a ser buenos administradores del dinero!

Resulta del todo evidente que educar a nuestros hijos e hijas para que sean financieramente saludables va a darles más probabilidad de triunfar en sus finanzas personales cuando sean adultos. Solo el hecho de pensar en que ellos no tengan que pasar por las situaciones que algunos de nosotros pasamos es una razón de peso para esforzarnos como padres en transmitirles principios adecuados de finanzas personales.

> **Para cambiar la sociedad y la cultura financiera de las nuevas generaciones del MAÑANA, es necesario trabajar en desarrollar principios claves en nuestros hijos HOY.**

Esto debe llamarnos a la reflexión de proponernos INFLUIR positivamente a nuestros hijos. Nuestro desafío es contribuir a que ellos alcancen madurez en las finanzas y aprendan a ser autosostenibles en cuanto al dinero para cuando nosotros ya no estemos allí para aconsejarles.

¡Ojo con los jóvenes!

Hoy en día, en algunos lugares —especialmente en el área urbana— han desarrollado el hábito o recreación de ir al *mall* o centro comercial a divertirse, a veces aprendido de sus padres o de sus amigos. No hay nada de malo en ir a darse una caminata al *mall*, el problema surge cuando se desarrolla un hábito que puede convertirse en una necesidad irreprimible de comprar.

«La mayor vulnerabilidad de los jóvenes podría deberse a que en la adolescencia resulta más difícil controlar los impulsos. Los jóvenes consumistas gustan de frecuentar tiendas y sienten el deseo permanente de ir de compras y adquirir cosas nuevas» (Ruth Quintanilla, psicóloga).[22]

«Además, en los jóvenes se añade su mayor vulnerabilidad ante los mensajes publicitarios, en una etapa vital muy cam-

---

22. http://espanol.upiu.com/view/post/1271645055676/ (accesible julio 2013).

biante y marcada por la inestabilidad personal. Los adictos a las compras sin ton ni son reconocen ver televisión en una proporción que duplica a la de la población no afectada por la compra compulsiva».[23]

Padres y madres debemos prestar atención al comportamiento de compra de nuestros hijos y a sus pasatiempos.

Nuestro deber como progenitores es preparar a nuestros hijos para enfrentar, de una forma diferente, los retos del mundo que les tocará vivir. Usted debe observar el comportamiento financiero de sus hijos para ver si tienden a gastar, o a ahorrar, si son ordenados o no tanto.

Sus finanzas personales serán un resultado de lo que ellos serán, y no de lo que harán. Hay que enseñarles a ser más que a hacer o tener. Diversos estudios demuestran que la cercanía y diálogo con los padres tiene un efecto más poderoso que la publicidad. Por ello quiero presentar siete aspectos, que llamaremos leyes, para tomar en cuenta a la hora de re-educar financieramente a sus hijos para que tengan finanzas sanas:

Siete leyes de la educación financiera a los hijos

1) La LEY de la INTEGRIDAD. Los jóvenes son tierra fértil, por ello, siembre semillas de integridad en sus corazones: la integridad tiene su recompensa y no tiene precio. Integridad es «hacer lo correcto porque es correcto aunque nadie me vea y aunque para la mayoría sea incorrecto».

Los hijos deben aprender que la integridad es la confianza de vivir sin nada que esconder, y que siempre se debe hablar con la verdad. Hoy en día muchas personas sufren crisis financiera por haberse endeudado al haber mentido acerca de sus ingresos a los bancos, o pedido certificaciones de salario no reales con tal de obtener préstamos mayores.

---

23. http://revista.consumer.es/web/es/20021201/interiormente (accesible julio 2013).

2) La LEY de la AUTENTICIDAD. Enséñele a su hijo o hija el valor de ser personas auténticas y genuinas, independientemente de donde viven o de lo que tengan y hagan. Enséñele que nadie vale más ni es mejor que otra persona por lo que tiene.

Es importante que ellos y ellas comprendan que son valiosos por lo que son y no por sus logros, o sus posesiones. Puede comenzar aplicándolo en los resultados escolares, por ejemplo: sean sus notas excelentes o regulares, usted les va a amar igual, para que en el futuro no busquen aprobación por logro.

> **Antes se decía: «Estudie para ser alguien».
> ¡FALSO! Usted ya es alguien y la educación es
> solo un medio para desarrollarse, acceder a
> más oportunidades de bienestar económico y
> aportar sus talentos a la sociedad.**

Hay dos creencias que se contraponen en su secuencia sobre qué es primero, que paso a ilustrar a continuación:

Creencia EQUIVOCADA: HACER -> TENER -> SER

Creencia CORRECTA: SER -> HACER -> TENER

Lo primero es lo primero: SER, donde el TENER se convierte en una consecuencia.

Nuestros hijos e hijas deben aceptarse a ellos mismos, de forma saludable, con una buena autoestima por lo que son. Valide sus capacidades, alimente sus corazones y pensamientos con palabras de afirmación. Estimule y celebre sus fortalezas.

3) La LEY de la SOLIDARIDAD. Jesús dijo que es más dichoso el que da que el que recibe. Es vital que nuestros hijos e hijas aprendan el valor del desapego a lo material; lo cual no significa menospreciar y descuidar sus pertenencias o las de la casa.

Deben aprender a compartir todo lo que tienen. Esto no es fácil, pues generalmente anteponemos nuestros deseos a los del prójimo. Incúlqueles el dar desinteresadamente. Desde luego, debemos evitar poner sobre sus hombros sentimientos de culpa por la necesidad de otros o por las bendiciones que tienen hoy.

Hay riqueza en el compartir y cuanto más compartimos menos nos apegamos a lo material. Con nuestro ejemplo, podemos modelar solidaridad.

4) La LEY de la CONFIANZA. Sus hijos deben confiar en las capacidades que Dios les ha dado. Todas las personas —incluyendo nuestros hijos— vienen dotadas de talentos y capacidades, los cuales deben aprovechar para crear los recursos que necesitan. Ellos deben entender que usted trabaja para generar sus ingresos y que usted disfruta el trabajar y, a cambio, le pagan un salario. Sus hijos deben aprender que ganarse su dinero no es ningún castigo. Y que ellos se benefician del trabajo de mamá o papá.

Deben aprender que el dinero no trae la felicidad ni atrae el cariño de los demás, sino que es el medio para lograr sus sueños, sus metas y ayudar a otros. Esto implica que ellos tomarán sus propias decisiones (de trabajo, de estudio, familia), y su deber es apoyarles y aconsejarles.

5) LA LEY del AHORRO. Cuando hablamos del ahorro queremos que vaya más allá de la alcancía... Que sus hijos aprendan a no solo guardar dinero en una cajita o una alcancía, sino que hay mucha sabiduría en el ahorro, y que el ahorro sirve para formar el carácter de la disciplina para ser constantes y el autocontrol para no gastarlo de forma desordenada.

Algo práctico que puede hacer es salir juntos un día y mostrarles algo que usted necesita y que planea comprar, de manera que ellos vean el precio, y usted les dice que no tiene ese dinero en ese momento pero que va a ahorrar para comprarlo en un tiempo determinado. Luego, junto a ellos, elijan algo que les anime a ellos a ahorrar y póngase una meta para separar una cantidad de dinero juntos hasta alcanzarla.

Yo lo he experimentado con mis dos hijos. Stefano, en una ocasión, deseaba un juguete y se propuso ahorrar un poquito de su mesada por dos años. Vendió otro juguete a un amiguito y ajustó lo necesario para comprar lo que quería. Fiorella también ha ahorrado por varios meses para comprarse algo que quiere y nosotros le prometemos ajustarle un poco cuando ya tenga una suma determinada. Esto les anima a ponerse metas y esforzarse por alcanzarlas. Como el caso de una mujer de cincuenta años que nos escribió en el Facebook, después de una entrevista en la radio. A sus doce años su abuela le dió 5.000 pesos, y ella los guardó y aún los conserva ganando intereses sobre intereses por más de treinta años, y le ayudó a cubrir metas planeadas y necesidades inesperadas. Ella se ganó una nota excelente desde niña. Que aprendan a ahorrar para necesidades y no solo para gustos también es muy importante. Debemos incentivar los hábitos del ahorro aun en pequeñas cantidades. Debemos practicar y modelar en ellos la disciplina de no gastar todo lo que tenemos, sino que separemos parte del dinero para ahorrar. En el futuro estoy seguro de que sus hijos se lo van a agradecer.

6) La LEY de la MODERACIÓN y el AGRADECIMIENTO. Decían las abuelas de los pueblos antes que «ni muy muy, ni tan tan», que debe haber un balance. Hemos de modelar el balance en nuestros hijos para que en el futuro no sean ni muy gastones ni tan tacaños. Hay que enseñarles la diferencia entre una necesidad y un deseo. Por ejemplo, al ir al supermercado llevando una lista de la compra y que ellos le ayuden a elegir entre precio y calidad, o al ir de paseo donde puedan valorar la sencillez de disfrutar en familia sin que signifique gastar en exceso, o al organizar una fiesta en familia donde aprecien el compartir con amigos al hacer una barbacoa o una cena en casa. Deben ver que usted es moderado en sus hábitos.

> **Hemos de modelar el balance en nuestros hijos.**

Algo aprendí yo de mi padre (don Alfredo) y mi madre (doña Fina... de cariño); ellos, siempre, al sentarnos todos a la mesa, colocaban todos los alimentos en ella y cada cuál se servía. Podían admirar a personas por sus logros, pero nunca envidiar su estilo de vida. Ellos eran muy moderados al comer, nunca los vi excediéndose al servirse el alimento o si deseaban repetir lo hacían con moderación. Y siempre nos decían que guardáramos para fulano o sultano, a quienes les faltaba de comer. *¡Que ejemplo de moderación!* Hoy día, nuestros hijos —al igual que nosotros— son tentados cada día a gastar todo lo que tienen, para obtener todo lo que quieren. Cuando asigne mesada o ellos se ganen una cantidad de dinero semanal o mensual para los gastos, enséñeles que no deben gastar todo en un solo día, que deben guardar para el futuro y dar en la iglesia, y pídales cuentas para orientarles.

Por ejemplo, la sociedad de hoy con tantas opciones de comidas y restaurantes nos invita a vivir para comer, en lugar de comer para vivir.

Papá y mamá deben ser también modelos de agradecimiento en este nuevo paradigma. Los hijos copian lo que viven y ven, no lo que les dicen. Ojo, recordemos el viejo refrán: «Bienaventurados son los que nos imitan, pues de ellos serán nuestros defectos». Por ello, cuidémonos, nos observan. Si somos agradecidos y estamos contentos cualquiera sea nuestra situación, ese valor será transmitido a nuestros hijos.

Explíqueles por qué usted no les puede ni debe dar todo lo que quieren o piden. Esta es una de las partes más difíciles, pues a veces no los queremos herir, o queremos darles lo que nosotros nunca tuvimos. ¡¡¡ERROR!!! Enséñeles a autocontrolar sus impulsos y a vivir con moderación.

7) **La LEY de CAUSA y EFECTO.** Como un resumen de las leyes anteriores permítame sugerir algunos lemas que pueden ser guías para nuestro reto de guiar a nuestros hijos en esta aventura de la vida.

– Quien ahorra... siempre tiene.

– Quien se endeuda... siempre debe.

– Quien es generoso... siempre es dichoso.

– Lo que uno siembra... eso cosecha.

Creo que a manera de refranes pueden cambiar la vida y el rumbo de nuestros hijos e hijas, y entonces habrá más probabilidad de que ellos así lo decidan y, por ende, van a tener una vida financieramente saludable.

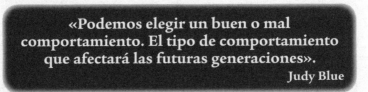

«Podemos elegir un buen o mal comportamiento. El tipo de comportamiento que afectará las futuras generaciones».
Judy Blue

El corazón de los niños y jóvenes está en proceso de formación y aprendizaje, por lo que formar valores positivos en sus vidas es fundamental. Recuerdo la famosa frase que se solía decir con relación a dar ejemplo: «Tus hechos me hablan tan fuerte que no me dejan oír tus palabras». Eso es precisamente lo que queremos compartir en este capítulo: reflexionar en la importancia de ser modelos más que moldes a los cuales nuestros hijos puedan dar continuidad.

El poder del ejemplo nos puede sorprender. Recuerdo en una ocasión que yo buscaba mejorar mi dieta y había escuchado de un estudio que decía que no era bueno comerse la yema del huevo. Y, a partir de ese día, cuando preparaba un huevo estrellado o frito me comía la clara y dejaba la yema. Lo hice así por un par de años. Tiempo después escuché de un estudio que retomaba el poder nutricional de la yema de huevo y decidí empezar a comerme la yema, pero con cierta moderación. Para mi sorpresa, mis hijos, al servirles el huevo estrellado, se comían la clara pero no la yema. Y aunque Cynthia y yo insistíamos en que se comieran la yema no fue posible sino hasta después de algunos meses de insistir y perseverar. Lo que había ocurrido fue que, aunque nunca les dije a mis hijos que no se comieran la yema del huevo, mi solo ejemplo les envió un mensaje tan fuerte con mis hechos que después me costó mucho que retomaran la dieta con todo y yema de huevo. Esta es solo una muestra sencilla del poder del ejemplo.

Cada padre y madre está enviando mensajes a sus hijos, algunos buenos y otros no tanto, sobre cómo comportarse. Las finanzas no son una excepción. La pregunta es: ¿qué están imitando nuestros hijos de nosotros?

¡Viene la cigüeña!

La premisa de todo proceso es que si ustedes aún no tienen bebés —y planean tener uno— el primer paso para modelarle es prepararse bien desde ya. Ahorrar para el parto, planear su habitación, guardar para comprar todo lo que va requerir, abrir un espacio en el presupuesto, pues él o ella vienen a ser parte de lo nuestro, es la mejor expresión para decir que no es tu hijo o mi hijo, sino nuestro hijo. Por ello se requiere ponerse de acuerdo con nuestro presupuesto para darle la mejor de las bienvenidas. Recuerdo cuando iban a nacer primero Stefano, luego Fiorella, cómo nos esmeramos ahorrando para sus cositas y arreglando sus habitaciones, con pintura y una bella decoración. Fue emocionante prepararnos para el parto, incluyendo lo que esto iba a representar en nuestras finanzas. Dios siempre nos proveyó todo y nunca les hizo falta nada, Dios ha sido generoso. Y lo mejor de todo es que hemos disfrutado del proceso. Siempre, el primer bebé lleva más regalos. Recuerdo que cuando nació Fiorella, tres años después, cuando la gente llegaba a la clínica a visitarnos siempre le llevaban un presentito a Stefano, para contrarrestar un poco la normal competencia que pueden sentir los hijos primerizos de ser desplazados, a fin de que viera que él también ganaba con una hermanita. ¡Vaya recuerdos!

¿Qué mayor orgullo para un papá o mamá que el de que sus hijos le llamen héroe? Sobre todo en las finanzas, al igual que en lo espiritual, en las relaciones y en el trabajo.

¡¡¡Queremos motivar a los papás a que se pongan la camiseta de PAPÁS CAMPEONES, y a las mamás a que se pongan la camiseta de MAMÁS CAMPEONAS!!!

No nos referimos solo a ponernos una camiseta física, sino a que usted se convierta en un modelo a seguir por sus hijos.

Una joven nos escribió en el Facebook lo siguiente:

> Mi papá desde pequeña me enseñó que el dinero debe ser bien administrado. Lo primero que recuerdo es que nos compró a mi hermano y a mí un chanchito (alcancía) para que ahorráramos para pagar nosotros mismos nuestro pase especial del Parque de Diversiones. Yo tenía alrededor de cinco años, me sentí realizada al hacerlo.

Las palabras y la presencia de papá y mamá en estos procesos formativos son esenciales. He escuchado a otras damas decir: «Mi papá era extremadamente ordenado con el dinero». Otros dicen: «A mi papá no le gustaba endeudarse, siempre ahorraba», y cierta señora me decía en un curso: «Mi madre siempre fue superahorradora y ordenada, nunca nos hizo falta nada aunque nos criamos sin papá». Como vemos, cada persona lleva un recuerdo de su papá y su mamá. No siempre son positivos. Cierta mujer me contaba que su padre, por ser alcohólico, nunca fue una persona responsable en las finanzas y que su madre tuvo que asumir el rol de administradora, pues él nunca se lo tomó en serio.

Roles de papá y mamá

Hay **cuatro roles fundamentales** de los papás y mamás, en el modelaje de los hijos, acerca del dinero:

1. Educar.

Es enseñar con el diálogo, evitando el dí-logo, es decir, en una sola dirección donde yo digo y digo pero no escucho. Hay que educar escuchando a nuestros hijos. Ellos se sienten respetados y tomados en cuenta cuando les damos la palabra para que se involucren en las finanzas sanas del hogar. El deber primario es de los padres.

Cuando los hijos están más pequeños son como esponjas, como aquella joven que recordaba que desde sus cinco años su papá le enseñaba el concepto del ahorro.

Se educa dándoles una mesada semanal o mensual, o dándoles trabajos para que se ganen el dinero y explicándoles cómo usarlo y que den en la iglesia y a los más necesitados. Se les enseña haciéndoles partícipes en decisiones y dejándoles tomar las suyas propias.

Se les enseña no discutiendo sobre dinero, pues tendrían la idea de que hablar de dinero implica discutir, sino conversando con tranquilidad.

Es importante que vean el beneficio de llevar finanzas sanas, motivándolos para que ahorren para lo que quieran o necesiten. Recuerdo a ciertos padres cuyo hijo quería practicar guitarra y ellos le propusieron ahorrar para comprarla, y le completaban el dinero que le hiciera falta. Actualmente, ese joven es un guitarrista excelente, y todo se inició con un proyecto de ahorro.

2. *Modelar.*

Se modela con el «ejemplo».

El diccionario define «modelar» con las siguientes acepciones:

Dar la forma deseada o hacer una figura con un material blando, como por ejemplo cera, barro o plastilina.

Formar a una persona para que desarrolle unas cualidades o un carácter determinado, acorde con un modelo.[24]

Me encantan estas definiciones, pues la primera se aplica al hecho de que los niños y las niñas cuando son pequeños son blandos y moldeables como la plastilina, y Dios los pone en nuestras manos para guiarles. La segunda definición tiene que ver con el propósito por el cual debemos moldear a nuestros hijos, y es formar a una persona, con el fin de que desarrolle sus habilidades y un carácter sólido en las finanzas.

Se modela cuando ellos le escuchan hablar del dinero. Cuando decimos por ejemplo: «¡Somos tan pobres!» o «¡Quiero ser rico!»; otros dirían: «Dichosos ellos que tienen automóvil o casa nueva... ¡qué envidia!».

Si de alguien he tenido la oportunidad de aprender sobre la modestia es de mi padre y mi madre. En mi caso, mi padre fue un hombre sumamente esforzado en el trabajo y moderado en su forma de usar el dinero. Papá, quien siempre ha sido un emprendedor, sembró en nuestro corazón la virtud de la modestia y cuidarnos de los excesos, aprendiendo a ser moderados en todo. Repetidas veces nos hacía ver la importancia de estudiar, que, como él decía, era su mayor herencia al darnos las herramientas para salir adelante. De mamá aprendimos el don de ayudar siempre y compartir todo lo que teníamos, hogar, comida y ropa con queridos amigos y con los necesitados.

De igual manera, los hábitos y costumbres de usted también son claves para modelar en sus hijos. Se modela cuando va

---

24. *Diccionario Manual de la Lengua Española Vox* (Barcelona: Larousse Editorial 2007).

a tomar una decisión, cuando ellos le ven buscando la mejor opción o la que está más al alcance de tu bolsillo. Por ejemplo, si desea comprar hortalizas, es importante que ellos, sus hijos, acompañándole, le vean buscar los mejores precios.

Se modela cuando sus hijos le ven guardando recibos o comprobantes, y le escuchan y observan haciendo cálculos en casa. Se modela cuando, en el centro comercial, usted no se comporta «compulsivamente» con las ofertas y tiene «autocontrol».

Se modela cuando le ven a usted llevar la lista de la compra al supermercado. Recuerdo estar en uno comprando la comida y habiendo dado, como solíamos, la lista a nuestros hijos para que nos ayudaran. De repente, recuerdo que olvidé incluir en la lista mi desodorante. Al ir con Fiorella al pasillo de desodorantes y elegir uno, ella me miró y me dijo: «Papiiiii, ese desodorante no está en la listaaaaaa». Y, aunque parezca un pequeño detalle, pude entender que mi hija estaba interiorizando el mensaje: «¡Guíese por la lista y no por la vista!».

También puede acceder con sus hijos a sitios de Internet de educación financiera para jóvenes, como el juego virtual de Jóvenes Banqueros.[25]

Se modela cuando usted no critica a otros por lo que tienen o no tienen. Se modela cuando se le da gracias a Dios por lo que tenemos, se modela cuando al tener un plato de comida al frente nos tomamos de la mano y damos gracias a Dios por su sustento.

> **Se modela cuando se le da gracias a Dios por lo que tenemos...**
> **tome tiempo para dar un reforzamiento positivo a lo que hacen bien.**

---

25. www.camaradebancos.fi.cr/requisitos_para_jugar_jovenes_banqueros (accesible julio 2013).

En realidad, al final reproducimos lo que realmente «somos», no solo lo que hacemos. De ahí que sea fundamental revisarnos a nosotros mismos, pues no podemos modelar ni dar lo que no somos; pero si enriquecemos nuestros valores y forma de actuar en las finanzas, eso es lo que vamos a irradiar dondequiera que estemos, incluyendo nuestro hogar.

3. Reforzar y Corregir.

Como parte del proceso formativo.

Ni nuestros hijos, ni nosotros somos perfectos, por lo que tendremos que tomar tiempo para ayudarles a corregir los errores que cometan en su aprendizaje.

Normalmente, cuando recibimos las calificaciones de nuestros hijos, solemos prestar atención solo a las malas, lo cual es importante para ayudarles a mejorar, pero es muy importante también ver las buenas calificaciones para reforzarles lo que hacen bien.

Conforme guía a sus hijos en sus finanzas, tome tiempo para dar un reforzamiento positivo a lo que hacen bien. Celebre con ellos lo que hagan bien pues eso les dará ánimo para seguir adelante y mejorar lo que no funciona como se espera. Al llevarlos al súper, hagan la lista y adviertan lo que van a comprar y que si desean algo puede esperar.

El poner límites claros es fundamental para que los hijos entiendan que, al igual que otras áreas, como la sexualidad, las finanzas requieren poner límites, mínimos y máximos. Mínimos cuando nos proponemos dar un mínimo de... o cuando nos proponemos ahorrar un mínimo de... Y poner límites máximos como no gastar más de X monto en una actividad específica como el supermercado, o en la diversión. Su hijo o hija debe entender que es importante mantenerse dentro de los límites.

La corrección debe ser en amor, no acusando, ni regañando, y nunca golpeando o insultando. Recuerde que usted también ha cometido errores. Muestre que usted no es perfecto y pida perdón cuando se equivoca, y guíe a sus hijos mostrando los aprendizajes y reforzando lo que están haciendo bien.

4. Ser referente.

¡A quién acudir!

Cierto día, mi hijo Stefano vino a mí y me hizo una consulta y, una vez que se la respondí, me dio las gracias. Y al preguntarle el porqué de esa pregunta, él me dijo que le había hecho la misma consulta en la secundaria a un profesor y solo quería verificar si lo que el profesor le había dicho estaba bien, y se volteó y me dijo: «Es que quería venir a la fuente más segura».

Esa experiencia me llenó de alegría, pues si algo todos los padres y madres debemos anhelar es que nuestros hijos vean en nosotros un referente a quien acudir en momentos de duda, y que sepan que, aunque no somos perfectos, estamos ahí para ayudarles y apoyarles.

El ser referente no se impone, sino que se gana. Con nuestro esfuerzo y ejemplo nos podemos ir ganando el derecho a ser la primera referencia de nuestros hijos, no solo en materia financiera, sino en otras áreas de nuestras vidas.

Principio de sabiduría:
¡Instruir!

«Instruye al niño en el camino correcto, y aun en su vejez no lo abandonará».[26]

Instruir tiene que ver con dar instrumentos a nuestros hijos, no solo instrumentos materiales, como una calculadora, sino instrumentos de vida como los que hemos compartido en este capítulo.

---

26. Pr 22.6.

Me gusta ilustrar este pasaje con la figura del fútbol, o *soccer* como se le llama en Estados Unidos. Cada vez que hay eliminatorias para el Mundial, cada país hace valer su casa, es decir, su estadio, pues conoce las condiciones del terreno, está acostumbrado a jugar en ese lugar, la gente da un fuerte apoyo y puede hacer valer su condición de local para sacar los puntos. Para las eliminatorias de Brasil 2014, Estados Unidos hizo jugar al equipo tropical de Costa Rica bajo una densa nieve a muy baja temperatura. Es decir, cada quién saca ventaja de ser local. Lo mismo debemos hacer los padres y madres, ya que mientras nuestros hijos son pequeños todo se desarrolla en casa, es su voz, es su terreno, son sus condiciones, es su ambiente. Usted tiene todas las de ganar en su terreno.

Y luego los equipos deben jugar de visita en otros países para poder clasificarse para ir al Mundial de Fútbol. Desde luego, jugar de visita tiene más desafíos pues usted no conoce tan bien el terreno, tienen voces contrarias en las graderías y el clima no siempre le favorece. Lo mismo sucede cuando los hijos van creciendo: usted empieza a jugar de visitante. Sus hijos empiezan a oír otras voces, otro idioma, el terreno de la comunicación varía, y ahora hay muchas formas de comunicarse con ellos y el terreno no es tan bien conocido por usted. La moraleja es «saque provecho de jugar en casa de local, mientras sus hijos se lo permitan». Así, cuando le toque ir a jugar de visita y luego ellos se casen y entonces usted pase a ser cien por ciento visita, ellos habrán integrado los principios que papá y mamá les enseñaron y tomarán decisiones adecuadas.

Los hijos nacen sin saber muchas cosas, y van aprendiendo en el camino. Instruir es tomarse el tiempo para escucharles y corregirles; a veces va a ser necesario dejarles que se equivoquen para luego darles la enseñanza y, poco a poco, delegarles más responsabilidades hasta que ellos tomen sus propias decisiones.

Ellos deben aprender a distinguir sus enseñanzas y la voz de Dios expresada a través de todas las Sagradas Escrituras para que siempre tomen las mejores decisiones.

DESAFÍO:

Para empezar, dé gracias a Dios cualquiera sea su situación, y realice un acto de generosidad y desprendimiento con sus hijos. Sin decir una palabra, deje que sus hechos hablen por usted.

/ / /

EJERCICIOS DE EVALUACIÓN

– Pídale a su hijo o hija que piense en algo para lo cual desea y necesita ahorrar (puede ser algo sencillo como ir al cine, comprar un balón o una muñeca, entre otros). Averigüen el precio, pónganse un plazo de ahorro y la cantidad para ahorrar por mes. Luego vayan juntos a hacer la compra.

– Una linda actividad que puede desarrollar junto con sus hijos e hijas es pedirles que elijan artículos que no utilizan y que están en buen estado para darlos a otras personas que lo valoran y lo necesitan. O bien, elija una persona con quien compartir, y junto con sus hijos ayúdela.

PARTE 3

DESAFÍOS
FAMILIARES

Capítulo 11

Cuentas claras...
¡Amistades largas!

Cinco desafíos de las finanzas en las familias extendidas

*«Más bienaventurado es dar
que recibir».*
Jesucristo

Mis padres suelen decir: «Cuentas claras, amistades largas». ¡Qué gran verdad! Está claro que cada uno de nosotros desea tener buenas relaciones con los familiares, ya sea el núcleo familiar o la familia extendida. Sin embargo, en algunas ocasiones, esta tarea se vuelve algo compleja. Comúnmente, la familia es la que más ayuda en los momentos de necesidad y es el apoyo que permanece aunque todos los demás huyan ante la dificultad. No es un secreto que las familias juegan un papel primordial en las situaciones financieras.

Siempre he admirado cómo, en la familia de mi padre y mi madre, se han apoyado en momentos de necesidad entre hermanos, hermanas, tíos, tías, sobrinos y abuelitos, mostrando la solidaridad y la hermandad.

Queremos dedicar este capítulo a tratar un tema que, en finanzas familiares, se ha abordado muy poco: el impacto de las familias extendidas en las finanzas del hogar, por ser un tema recurrente en las familias iberoamericanas.

¿Qué es una familia extendida?

Existen personas con las que no se comparten lazos sanguíneos y, sin embargo, son considerados parte de la familia. Ahora bien, en la actualidad, las familias extendidas son aquellas otras personas que se suman al grupo familiar primario (papá, mamá e hijos), y entran en la categoría de familiares (abuelos, suegros, cuñados, concuños, tíos, primos, sobrinos, tíos, yernos, nueras, nietos, padre o madre no biológicos, padrastro, madrastra, entre otros).

En países como España hay hijos que vuelven a casa de sus padres por la crisis económica, pues es una forma de ahorro mientras mejora la situación. O bien parejas que pasan un mal momento financiero y deciden, por un tiempo, vivir con los suegros mientras se estabilizan. Después de regresar de nuestros estudios en el exterior, Cynthia y yo vivimos con ambos suegros un tiempo en cada hogar, mientras nos reubicábamos laboralmente. Gracias a Dios por la apertura de ellos.

Dependiendo de cómo convivan estas familias, se pueden dar situaciones especiales en las familias extendidas que tienen que ver con razones económicas, de cuido de algún adulto mayor o nietos o sobrinos que viven juntos. Es vivir bajo el mismo techo con uno o más miembros de la familia extendida. Puede también que sea por razones de facilidad, por ejemplo, cuando se da el caso de un familiar que viene de un lugar lejano a estudiar o trabajar, y la familia le brinda hospedaje. Desde luego que estas son condiciones de solidaridad y de sentido de apoyo familiar.

Recuerdo que mis padres le dieron alojamiento por muchos años a un tío que venía del extranjero hasta que se graduó de médico. Mi padre y mi madre fueron muy solidarios con él y, gracias a ese apoyo, mi tío pudo alcanzar su sueño. Recuerdo que esa relación transcurrió con toda normalidad y sin mayor conflicto. Mis padres en ese tiempo vivían una buena época financiera y su economía familiar le permitía dar ese apoyo tan generoso. Esos fueron algunos momentos donde la economía le permitía a mis padres ser solidarios con la familia extendida.

¡Algunos cuidados!

Normalmente, todo empieza en buenos términos y con muy buenas intenciones. Sin embargo, pueden irse creando distorsiones en la relación que pueden desembocar en conflictos del núcleo familiar y abrir heridas en las relaciones con las familias extendidas.

> Normalmente, todo empieza en buenos términos y con muy buenas intenciones.

Cuando las visitas influencian

Aunque no fue nuestro caso, sucede en algunas familias que empiezan muy normal compartiendo su casa de forma solidaria con las visitas o familia que se unen al hogar, luego de algún tiempo se vuelven una influencia, a veces positiva o a veces negativa, en los temas financieros. Esto implica que se creen dinámicas en las finanzas donde estos otros familiares intervienen en las decisiones de la pareja o bien pueden convertirse en una carga difícil de llevar. Bajo este panorama pueden surgir conflictos familiares si la situación no se maneja de forma adecuada y asertiva. En este caso, la tensión puede ser secreta hasta que termina en la ruptura de las relaciones.

Recuerdo una pareja en la que la esposa accede a dar hospedaje a su suegra, pero esta empieza a intervenir en cómo la pareja decide y cómo prioriza sus finanzas, criticando las decisiones. Este es un caso donde la relación que se inicia como una expresión de solidaridad se puede volver hostil y deteriorar la comunicación en la pareja.

Aventuras financieras

Otra situación que debe decidirse con cuidado es asociarse en aventuras financieras con la familia extendida. Esto es ir más allá de convivir para crear y llevar adelante negocios y/o proyectos juntos, prestarse plata, fiarse unos a otros o ayudarse si alguno está pasando un mal momento. Este es uno de los aspectos que provoca más «ruptura» en las relaciones con la familia extendida, ya que muchos quedan en la quiebra, son embargados o acaban embarcados en compromisos financieros en los que nunca debieron entrar.

Algunas familias lo logran manejar, pero recuerdo una en particular que decidió dar espacio a un hermano de la esposa para vivir con ellos. Este les propone iniciar un negocio que luego no marcha bien, afectando la economía de la familia entera y, finalmente, minando la relación de la pareja, pues empezaron a culparse mutuamente.

¿Quién paga qué?

Otra situación —aunque más circunstancial e inesperada— puede darse en las celebraciones y actividades sociales. ¿Le ha sucedido a usted que varios familiares suyos deciden salir a un restaurante y les invitan a ustedes, lo cual les hace sentirse comprometidos a hacer algunos gastos que no estaban contemplados dentro del presupuesto familiar? Surge siempre la pregunta: ¿quién paga la cuenta? Usualmente se deja para el final, pero debe ser acordado desde el principio, de lo contrario el gastador o la persona que relaciona el dinero con poder o amor va a terminar pagando.

Esto se complica cuando una familia de más recursos decide ir a un restaurante o tener vacaciones costosas y usted sabe que no está dentro de su alcance, pero no halla la manera de decir «no». O bien, cuando la familia de su esposa se suma al paseo, pero usted sabe que van a tener que invitarles, y no sabe cómo decir «no». Hablaremos de esto más adelante, pero habrá que ser asertivos y decir: «Lo siento, hoy no podemos acompañarle». Por otro lado, si usted pasa por un buen momento puede bendecir a otras familias cubriendo sus gastos.

Ayudas secretas y codependencia financiera

Nuestra sociedad nos invita a ser solidarios con nuestros seres amados. ¡Y me parece maravilloso! Ahora, no necesariamente la familia extendida debe vivir bajo nuestro techo para incidir en nuestro presupuesto. Hay esposos que deciden dar ayuda económica a su padre sin consultarle y ni siquiera comentárselo a su esposa. Y viceversa, cuando las esposas le dan ayuda a su madre o un hermano a escondidas del esposo. Esto es una señal de falta de confianza y transparencia.

Es importante prestar atención a esta situación, de lo contrario usted podría verse manipulado y abusado en sus finanzas. Siempre hay un familiar en problemas financieros y, si bien es cierto que es nuestro deber extenderle la mano si está a nuestro alcance, debemos ser cuidadosos de no caer en una codependencia financiera. Es decir, nos sentimos obligados y dependemos de las personas que dependen de nosotros en lo financiero, y podemos llegar a descuidar y socavar las finanzas de nuestro propio hogar por estar ayudando a una persona que se vuelve dependiente y hasta abusiva y manipuladora. De ahí la importancia de compartir con su cónyuge o algún familiar o consejero antes de tomar esa decisión.

Cinco desafíos

Aprenderemos algunas dinámicas familiares que son difíciles de desligar de las finanzas. Si las relaciones humanas son complejas, se tornan aún más delicadas de manejar cuando entra en juego el dinero. Por lo anterior, a continuación quiero compartir cinco desafíos que ayudarán a fortalecer las relaciones familiares:

1. ***Tener expectativas y acuerdos claros.*** Si en su familia deciden ser solidarios con uno o más familiares, salvo que ustedes decidan asumir todos sus gastos, podrían aclarar con las personas sus expectativas haciéndose algunas preguntas: ¿vamos a dar sostenimiento gratuito? ¿Por cuánto tiempo? O ¿quién va a aportar qué y cuánto y por cuánto tiempo? ¿Qué cubre ese aporte? ¿Daremos hospedaje, comida, lavado, planchado, teléfono...? ¿Quién paga qué? ¿Cada cuánto tiempo se va a ajustar el aporte? ¿Quién decide cuánto aumentar? ¿Qué hacer si alguno pasa por una crisis?

Por ello, es vital tener conversaciones claras desde el antes o al inicio de la relación, ya que en algunas ocasiones podemos asumir ideas equivocadas: por ejemplo, si un hijo o hija que trabaja se divorcia (sería mejor si no sucediera) y regresa a casa, se esperaría que colabore con los gastos de la casa. Aun si ya trabaja pero vive con sus padres. Por lo que es necesario tener una conversación clara que deje en firme aportes justos, así como periodicidad según los nuevos gastos del hogar.

> **Si las relaciones humanas son complejas, se tornan aún más delicadas de manejar cuando entra en juego el dinero.**

2. ***Evaluar muy bien antes de entrar en aventuras financieras.*** Si un familiar le propone un negocio, hágase las siguientes preguntas: ¿Qué beneficios vamos a obtener? ¿Qué riesgos pueden surgir? ¿Cómo vamos a distribuirnos las ganancias? ¿Vamos a asignarnos un salario? ¿Quién es responsable de qué? ¿Qué pasa si alguno de los involucrados falla con su

compromiso? Hay que ser cuidadosos cuando comprometemos nuestros ingresos en grandes inversiones, como iniciar un negocio. Valore siempre con cuidado si se trata de una inversión más grande, hay que dejar en claro quiénes van a apoyar económicamente la decisión. De igual manera, hay que tener en cuenta cómo afrontar los compromisos, si el negocio requiere de financiamiento: ¿A nombre de quién(es) va a estar la deuda? Por ejemplo, si uno de los miembros de la familia extendida corta la relación o se va del hogar y se pierde su aporte, ¿qué haremos? Aun las decisiones familiares que parezcan más sencillas pueden tener repercusiones incómodas si no se deja en claro la posición de cada uno al enfrentar los gastos del grupo familiar.

3. *¿Cómo cubrir imprevistos o gastos extraordinarios?* Si abren su hogar a miembros de la familia y hay que dar mantenimiento a la vivienda o reparar electrodomésticos que se dañen, deben tener claro cómo se asumirán las reparaciones de la casa. ¿Cómo se cubre el mantenimiento de la pintura? ¿Aportarán todos los miembros del hogar? ¿Cómo van a aportar? Esto se debe definir de antemano y en el momento de contratar un servicio de reparación o ampliación, para ver si todos están de acuerdo y pueden hacerle frente. Por lo dicho, es tan importante definir desde antes cómo se afrontarán los gastos. En algunos casos puede ser que la renta que se le cobre a la familia incluya el rubro de mantenimiento y se debe ahorrar para enfrentar imprevistos.

4. *Poner límites sin preferencias desde el inicio.* Tiene que haber una «cláusula de salida» contra los «abusadores manipuladores financieros», por decirlo de alguna manera, que les permita a los familiares más responsables tomar decisiones con relación a los más irresponsables. Por ejemplo, ¿será inadmisible una factura telefónica que sobrepase el monto normal porque uno de los huéspedes hizo llamadas internacionales? ¿Qué hacer si uno de los miembros incumple su compromiso atentando contra el bienestar del resto de

la familia? ¿Qué pasa cuando una persona divorciada invita a su nuevo cónyuge a vivir en casa? ¿Cómo manejar esas tensiones financieras con otros familiares al definir quién aporta qué? Esto es clave para la paz del hogar y la salud financiera. Cuando se conocen las reglas y se saben las consecuencias de quebrantarlas, hay mayor claridad en cuanto a qué daña y qué beneficia las finanzas y las relaciones familiares.

5. *Ser transparente en las ayudas.* Una mujer ejecutiva, llorando después de una conferencia, me confesaba que por ayudar a su madre en una deuda no le alcanzaba el dinero y que se lo había ocultado a su esposo. A esta joven le faltó confianza en su esposo. Si bien ayudar a la familia es un noble acto de solidaridad, se debe valorar si realmente necesita esta ayuda, y si nuestro presupuesto familiar nos permite ayudarla.

Hay muchas historias donde existió manipulación o, en el peor de los casos, alguien en la familia se vuelve «dependiente financiero» que no sale adelante sin su ayuda.

> «Un familiar lejano es aquel familiar cercano al que le debo dinero».

Por ejemplo, definan en pareja o consultando con alguien de confianza a quién y por qué dar esta ayuda. ¿Cuánto dinero puede ser prestado y por cuánto tiempo? ¿Cuándo y cuánto va a ser regalado? ¿Cuándo se deberá reembolsar? ¿Cuándo aceptar condiciones muy apremiantes que no van a poder responder adecuadamente por el compromiso adquirido? Otro problema podría ser ayudar a familiares sin consultar al cónyuge, las decisiones económicas se deben tomar en pareja. He atendido casos de parejas en segundas nupcias que deben atender una pensión de sus hijos de su primer matrimonio o relación, y deben ser responsables con sus hijos, por lo que es recomendable que su cónyuge esté informada de la situación para que se contemple en el presupuesto de la familia.

Es decir, **cuando hay honestidad, la vida se disfruta mejor.** Evite conductas que puedan producir resentimientos familiares, no tenga preferencias y, sobre todo, procure ser usted un miembro de la familia que ayuda a que las relaciones familiares mejoren.

Es bueno ayudar como lo hicieron mis padres y, si ustedes deciden dar la ayuda sin esperar nada a cambio y como pareja ambos están de acuerdo, está bien. Nunca se comprometa sin consultar. Por otro lado, si abren su hogar para que familiares o seres queridos vivan por un tiempo bajo su mismo techo y la condición financiera de esas personas les permite aportar para sus gastos, fijen un monto por mes. Adicionalmente, recuerden elaborar un presupuesto familiar donde se contemplen estos ingresos extra así como los gastos que conlleve tener esos familiares en casa.

Siga los consejos anteriores para mantener la armonía en el hogar y evitar que abusen de sus finanzas y su familia, y que esas personas asuman su responsabilidad como adultos en un ambiente de relaciones familiares sanas.

PRINCIPIO DE SABIDURÍA:
¡El hogar es primero!

«El que no provee para los suyos, y sobre todo para los de su propia casa, ha negado la fe y es peor que un incrédulo».[27]

Qué importante es ser solidarios con nuestra propia familia. Fue algo que aprendí de mis padres. Y, a la vez, qué

---

27. 1Ti 5.8.

importante es hacerlo bien para no herir y no salir lastimados en nuestras relaciones familiares.

Recuerdo que mi padre solía enseñarnos a aportar al hogar desde que iniciamos nuestro primer trabajo. Hoy en día muchos hijos trabajan, viven en el mismo techo y no aportan al hogar. Atendía yo a cierta pareja de adultos mayores y uno de ellos me expresaba las limitaciones financieras con las que estaban bregando, dado que sus finanzas habían caído y, sin embargo, no les pedían a sus hijos, que ya trabajaban, un aporte y una ayuda a la economía familiar. Esto no es recomendable, pues no les permite a los hijos asumir su responsabilidad financiera.

¿Podemos ayudar financieramente a la familia? Por supuesto que sí, sin descuidar ni arriesgar las prioridades y necesidades de la nuestra. Proveer para nuestro hogar es fundamental, lo mismo que hospedar familiares cuando las finanzas se lo permiten, pero sin detrimento de nuestros proyectos como familia.

DESAFÍO:

- Identifique con su cónyuge si hoy en día tiene conflictos financieros con abuelos, suegros, cuñados, concuños, tíos, primos, sobrinos, tíos-abuelos, yernos, nueras, nietos u otros.

- Dialoguen para establecer reglas claras, expectativas de ambas partes y límites.

EJERCICIOS DE EVALUACIÓN

/ / /

- ¿Sus finanzas familiares les permiten apoyar a algún familiar que atraviesa una situación crítica temporal?

- Cuando se trata de la familia extendida, ¿suelen usted y su cónyuge ponerse de acuerdo sobre cómo apoyarles?

- ¿Tienen algún hijo que ya trabaja y con la posibilidad de aportar a las finanzas de la familia?

Capítulo 12

¿Qué hacer si las finanzas de mis hijos no van bien?

«Nuestros hijos tienen una gran influencia en los gastos, y la publicidad y las tarjetas de crédito vienen tras ellos».

Ron Blue

«Javier, ¿puede usted ayudar a mi hijo, por favor?», me dijo cierta señora. No son pocas las ocasiones en que una madre nos escribe para contarnos que su hijo o hija está atravesando problemas financieros. Especialmente hoy en día que incluso los jóvenes de treinta hasta cuarenta años o más aún viven con sus padres y no dejan de estar pendientes de sus hijos como si fueran aún menores. Es loable preocuparse por ellos, pero todo debe tener límites. Y, por ello, vamos a abordar este tema en este capítulo, a fin de no solo ayudar a las familias sino a sus hijos.

Cuando los hijos reciben mesadas importantes, o empiezan a trabajar y se incorporan a la vida laboral, deben aprender a usar bien su dinero tomando decisiones responsables. Algunas veces es mejor hacer que se ganen el dinero en lugar de dar mesadas para crear un sentido de responsabilidad.

Esta situación puede incluir casos donde los hijos que aún viven con sus padres gastan el dinero en fiestas excesivas, en compras impulsivas, en apuestas, en vicios o en restaurantes, y no ahorran. O hijos que usan desproporcionada e irresponsablemente la tarjeta de crédito. O bien, hijos que trabajan por primera vez y necesitan aprender a planificar cómo distribuir el dinero que ganan y cómo ejercer su «relativa independencia» financiera.

Quisiera brindar una mano a las madres que tanto se preocupan por sus hijos. Cabe aclarar que los padres deben aprender de este capítulo pues pueden estar optando por la misma actitud y, a veces, caen en el error de desentenderse de sus hijos en materia financiera. De mi experiencia atendiendo madres encuentro tres grupos de reacciones en relación con las finanzas de sus hijos y algunos de los riesgos de ese comportamiento:

1. MADRES SOBREPROTECTORAS. El primer grupo lo componen aquellas madres que sufren al ver a sus hijos en dificultades financieras, en deudas, sin trabajo o con embargos y tratan de ayudarlos, pero no saben cómo.

Riesgos:

- Pueden descuidar o desatender las necesidades de sus otros hijos por dedicar un exceso de atención a la hija o hijo con problemas financieros.

- Caer en sentimientos de culpabilidad por lo que viven sus hijos, cuando en realidad cada hijo debe asumir su responsabilidad en cada situación.

- Ser manipuladas por sus hijos, ya que, por sobreprotegerlos, son capaces de cancelar sus deudas, aun llegan a endeudarse por ellos o les dan el dinero de sus ahorros y están dispuestas a hipotecar sus bienes para «sacarlos del problema».

- Ocultarle a su esposo la situación financiera de su hijo por temor a su reacción, convirtiéndolo en un «secreto familiar», lo cual da más poder al hijo sobre la mamá.

2. *MADRES DESINFORMADAS*. El segundo grupo lo conforman las madres que no saben «nada» de lo que pasa en las finanzas de sus hijos, especialmente cuando son adultos. Este comportamiento se debe a que son en extremo confiadas en lo que ellos hacen y, en otros casos, es porque no le dan seguimiento y resultan ser las últimas en enterarse de sus problemas.

Riesgos:

– Desconocer áreas en que sus hijos precisen algún apoyo o consejo, como, por ejemplo, advertirles de los riesgos de endeudarse más allá de sus capacidades.

– Que su hijo tome malas decisiones para salir del problema por no saber cómo acercarse a usted para exponerle la situación.

– El hijo se aísla o distancia de la familia por su problema financiero, al sentir que no tiene salida.

– Dejar pasar la oportunidad de ayudar a sus hijos por desconocer su condición.

– Hijos que mienten a la madre y al padre sobre su situación financiera haciéndoles creer que todo marcha bien.

– La madre puede ser objeto de estafa de sus propios hijos por no estar al tanto de ellos.

3. *MADRES DESPREOCUPADAS*. El tercer grupo está compuesto por madres que conocen los problemas financieros de sus hijos, pero no se meten en esos asuntos; su filosofía de vida es: «Que ellos se las arreglen». Si bien es cierto que los hijos son responsables de sus actos, los padres pueden ser de apoyo en momentos críticos. Desentenderse demasiado de sus hijos también puede ser un extremo que conlleve ciertos riesgos.

Riesgos:

– Distanciamiento de sus hijos por «NO estar cerca» en un momento de crisis.

– Arriesgarse a que su hijo tome decisiones equivocadas y riesgosas.

– Reaccionar con palabras de descalificación o desánimo que, lejos de ayudar, pueden crear más conflicto a la relación.

– Cuando se deciden a involucrarse y ayudar puede ser un poco tarde.

Madres firmes y equilibradas

¿Cómo actuar? Las madres y, desde luego, los padres deben estar cerca de sus hijos para apoyarles, ganándose su corazón y confianza. Lo cual les permite mostrar interés en sus hijos y darles consejo cuando lo requieran sobre cómo organizar su dinero. Y, sobre todo, enseñarles principios y valores que les den fundamento para tomar las mejores decisiones.

De manera preventiva, en un inicio, cuando sus hijos no trabajan y aún están en la universidad, deben reservar un diez por ciento mínimo de su dinero para que aprendan a ahorrar y guardar para lograr sus proyectos futuros. Ponga límites a sus gastos y, sobre todo, si les da una tarjeta de débito deben estarle solicitando los estados de cuenta y enseñarle a cotejar los comprobantes con lo que aparece en el estado de la cuenta.

> **Se trata de irles delegando decisiones.**

A continuación un diagrama muestra cómo las madres y los padres deben pasar por decidir, luego enseñar y hasta asesorarles. Por su lado, los hijos deben ir aumentando las responsabilidades y toma de decisiones en relación con el dinero.

En los primeros años, usted normalmente decide por sus hijos desde la ropa hasta dónde ir, pues juega de local. Conforme los hijos van creciendo empiezan a administrar su mesada, incluso pueden decidir vender artículos, ahorrar e invertir. Se trata de irles delegando decisiones. Recuerdo cuando mi hijo Stefano decidió vender un juguete para ahorrar y luego comprarse otro. Fue su decisión; nuestro rol como padres fue acompañarle. Conforme crecen, ellos deciden cada vez más, y el rol de papá y mamá es asesorar cuando lo soliciten. Una vez que decidimos casarnos nos propusimos comprar la casa desde un inicio. Fue una decisión que, si bien la comenté con mis padres, era algo que Cynthia y yo habíamos asumido como pareja y nuestros padres estaban ahí para atender nuestras consultas. Cuando yo decidí comprar mi primer auto, mi padre me asesoró. Mi madre siempre ha sido la voz de la cautela cada vez que le comento alguna decisión. Pero ellos, como madre y padre, nos desean lo mejor para que lo que decidamos salga bien. Y lo mejor es que nunca han llegado a decirnos: «¡Te lo dije!».

Es vital tener equilibrio, lo cual significa no asumir la responsabilidad cuando ellos ya empiezan a tomar sus decisiones. Su hijo debe asumir y usted debe ser firme al respecto. Usted debe facultarlos (darles el poder) para que decidan correctamente. Muchos padres dan tarjetas de débito o crédito a sus hijos sin explicarles cómo utilizarlas. Una vez, un joven después de una charla me dijo: «Javier, ¡es increíble! ¡Debo casi 2.000 dólares en mi tarjeta y no lo sabía!».

No es recomendable endeudarse por sus hijos, porque realmente no resuelve el problema financiero de fondo. Muchas veces las madres se comprometen por sus hijos sin tener la información del saldo de las cuentas, o en los «enredos» financieros que puedan tener ellos, y terminan endeudándose para pagar cuotas o ponerse al día en las deudas. Esto puede convertirse en codependencia financiera.

Si ya sus hijos trabajan, deben aportar una cuota para los gastos del hogar, acordada en conjunto. Si se les ha dado tarjeta de crédito o débito, deben sentarse con ellos a revisar el estado de su cuenta y que ellos lleven el control de los comprobantes sin sobrepasar el límite definido.

Eso no implica que las madres vayan a andar siempre revisando con detalle o volverse obsesivas en controlar a sus hijos. Deben darles margen de independencia para que se vayan acostumbrando a administrar.

Si sus hijos pasan por una situación financiera crítica, converse con ellos sobre dónde o con quién pueden buscar ayuda. Dialogue con su cónyuge para juntos aconsejar a su hijo sobre qué hacer y mostrarle el impacto de sus buenas o malas decisiones.

Es muy importante ayudarles a rescatar lo aprendido de sus actos, tomando lo positivo y, sobre todo, logrando un compromiso por su parte de ser más prudentes en el uso del dinero.

> **Si sus hijos pasan por una situación financiera crítica, converse con ellos.**

Especialmente, trate de ayudar a su hijo para que tenga un proyecto de vida sobre cómo invertir o aprovechar su dinero para lograr sus metas.

PRINCIPIO DE SABIDURÍA:

¡Entrega!

«Dame, hijo mío, tu corazón y no pierdas de vista mis caminos».[28]

Enseñar a los hijos no es tarea fácil. Ir delegándoles tampoco lo es. Que ellos nos compartan sus inquietudes o necesidades es aún más difícil si no nos hemos ganado su confianza, o si, cada vez que se nos acercan, nosotros los criticamos sin haberles escuchado.

Para ganarse su corazón debemos ser madres y padres presentes, estar ahí cuando nos necesiten. Y para que ellos no pierdan de vista nuestros caminos debemos examinar nuestro comportamiento y el ejemplo que les hemos dado a lo largo de su crecimiento. La única forma en que ellos no pierdan de vista nuestros consejos es a través de la enseñanza oportuna y en el momento que ellos la necesitan. Este acompañamiento debe ir acorde con la edad de ellos y la época que nosotros estemos viviendo. Por ejemplo, si estamos en época de bonanza puede ser que tendamos a ser más condescendientes en darle todo lo que ellos nos piden. Pero si después nos vemos frente a un desierto financiero, y ya no podemos darles los lujos acostumbrados o complacerlos con todo lo que nos piden, entramos en una crisis. Podemos, sin embargo, aprovechar todo momento, sea de bonanza o de crisis, para enseñarles buenos caminos.

---

28. Pr 23.26.

Lo mismo sucede cuando los padres pasan un buen momento: pueden querer, con buena intención, extender la mano a su hija o hijo, para que «no sufran», lo que pasa es que debemos entender que lanzar siempre un salvavidas financiero no les va a ayudar a mejorar y aprender a menos que se sienten con ellos para enseñarles.

Recuerdo cierta pareja joven cuyo padre les pagaba el auto, la casa y les ayudaba con sus gastos. La pregunta es: ¿Estaba esta pareja lista para casarse? ¡Claro que no! Financieramente, no.

Enseñarles a seguir nuestro camino es que vean que hemos recorrido un largo viaje para estar donde estamos ahora, y que no fue ni automático ni mágico. Y que todo tiene un precio y se requiere de esfuerzo y a veces pasarlo difícil para desarrollar carácter. Tome tiempo para compartir su historia.

Una madre o padre que vive cubriendo siempre financieramente a sus hijos no les está dando el espacio para que vuelen por sus propios medios, pues siempre estarán bajo las «faldas de mamá», o «detrás de papá», y puede durar mientras papá o mamá están ahí, en buena salud financiera o aún estén vivos, pero cuando papá o mamá no puedan seguir apoyando, se cae todo como por efecto dominó, y tanto el hijo como la hija no van a saber cómo enfrentarse a la vida y a sus responsabilidades financieras.

Recuerde que, para ayudar a sus hijos cuando las cosas no marchen bien, debe ganarse su corazón para que confíen en usted y que luego sigan su ejemplo sin depender de usted.

Desafío:

Siéntese con sus hijos por separado para evaluar su situación financiera, acérquese a ellos y aconséjeles cómo salir adelante.

EJERCICIOS DE EVALUACIÓN

- ¿Está usted sobreprotegiendo a sus hijos en el tema financiero o, peor aún, está asumiendo las responsabilidades que son de él o ella?

- ¿Sabe, al menos, si sus hijos e hijas son financieramente saludables?

- ¿Hay actitudes respecto a sus hijos que usted ha comprendido que debe cambiar?

Capítulo 13

¿Cómo apoyar financiera y responsablemente a la persona adulta mayor?

> *«Quien encuentra la paz en su hogar, ya sea rey o campesino, es el más feliz de los humanos».*
>
> Goethe

«¡Salud, noble anciano!**»**. Cuenta mi padre que esta era una forma en que se solía saludar a un adulto mayor cuando subía a un autobús o un tranvía. ¡Una linda y respetuosa forma de saludar!

En nuestra sociedad, cada vez tenemos más adultos mayores a los que se considera así a partir de los sesenta y cinco años, y hay una fuerte tendencia al descenso de población joven que pueda soportar los regímenes de pensión de nuestros adultos mayores.

Numerosos estudios muestran que las personas siempre vemos con alta estima a nuestra familia, en especial a las madres y los padres. Sin embargo, son muchos los adultos mayores que padecen de falta de recursos y que requieren ser atendidos con honor, amor y dignidad.

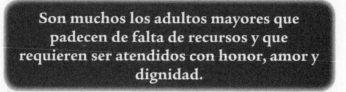

Son muchos los adultos mayores que
padecen de falta de recursos y que
requieren ser atendidos con honor, amor y
dignidad.

Una señora mayor me llamó un día para ver cómo podía salir de una deuda que había asumido para que sus hijas pudieran terminar de estudiar en la universidad. «Una vez que ellas obtuvieron su título —me contó— empezaron a trabajar y se fueron a vivir a un apartamento cada una por separado». Ella le pidió a sus hijas que le ayudaran con el pago de la deuda de sus estudios, a lo que ellas respondieron: «Mami, estamos con mucho gasto y sacando un posgrado, ahora no podemos». No se necesita saber el resto de la historia para ver que estas dos hijas no están honrando el esfuerzo que hizo esta madre y, más bien, le han dejado una gran carga financiera que a ella le cuesta sobrellevar.

Cuando nos referimos a los adultos mayores, podemos identificar al menos dos grupos:

Primer grupo: los adultos mayores que cuentan con un ingreso, sea por negocio propio, o por contar con un fondo o ahorro de retiro, o bien algunos que aún trabajan y que pueden todavía hacer un sabio uso de sus recursos.

Segundo grupo: los adultos mayores que no cuentan con ingresos, o cuyo fondo de retiro es mínimo, o bien que, aun teniéndolos, no pueden o no tienen facultad para usarlos por limitaciones físicas.

Dentro de ambos grupos podemos incluir a los adultos mayores que viven con sus hijos y sus nietos, quienes tienen más probabilidad de ser bien atendidos y vivir de forma más digna, pero especialmente nos centraremos en las personas adultas mayores que viven solitas en su casa.

En el primer grupo es importante que cuenten con un familiar de confianza, para que nadie vaya a abusar de ellos ni de su dinero. Aun así, debemos estar pendientes de velar para que no les falte nada, o bien para bendecirlos con algún viaje, o con fondos para hacer reparaciones en sus casas. El propósito es que como hijos nos demos a la tarea de asegurarles una vida digna durante su vejez.

En el segundo grupo encontramos a aquellos que no cuentan con los ingresos mínimos para cubrir sus necesidades más básicas, y mucho menos poder darse un gustito. Lo dieron todo y ahora reciben poco o nada de sus hijos o familiares más cercanos.

Dentro de este grupo están aquellos que no pueden o no tienen el cien por cien de su facultad para usar su dinero por que sufren alguna limitación, porque en ocasiones se abusa de ellos en el uso de sus fondos, o bien porque no reciben el apoyo financiero de quienes se supone le aman. Hay muchas historias de ancianos a quienes, sin saberlo, les hicieron firmar la transferencia de sus recursos o propiedades, pues tristemente siempre hay personas ambiciosas, sin escrúpulos, que tratan de sacar provecho de sus desventajas.

Quiero hacer un vehemente llamado para velar financieramente por aquellos que nos han dado la vida y que merecen lo mejor de nosotros. Nuestros padres merecen cosechar del esfuerzo que hicieron para que nosotros pudiéramos salir adelante. Esto puede implicar tener un ahorro para temas de salud, o bien un seguro médico. En mi caso he visto cómo, a veces, los temas de salud de mis padres requieren atención inmediata y conllevan gastos con el fin de velar por su seguridad.

Es en este momento cuando más cerca tenemos que estar de ellos, siendo instrumentos para que puedan disfrutar y no pasar ninguna necesidad económica, emocional ni familiar.

¿Qué nos limita?

Algunas excusas que nos limitan a estar más presentes y darles nuestro apoyo son: nuestras ocupaciones, nuestros proyectos, la distancia y resentimientos del pasado.

· **Nuestras ocupaciones.** *Cuando los hijos crecen y forman sus propias familias —y estamos en una sociedad donde cada día se trabaja más—, tienen cada vez menos tiempo para sus padres.* Nuestras agendas están siempre muy llenas como para visitarles y ver qué necesidades tienen.

· **Nuestros proyectos.** *Cada familia y cada persona tienen sus propios proyectos que requieren de sus finanzas.* A veces la familia no cuenta con los recursos que quisiera para ayudar más a sus padres. En otras ocasiones, los hijos compran propiedades, o un auto nuevo, o emprenden un nuevo negocio, o pagan una deuda, o sus hijos van a la universidad, lo cual limita su capacidad financiera de apoyar a sus padres.

· **La distancia.** *Dependiendo del país, no siempre los hijos e hijas viven cerca de sus padres.* Esa distancia, junto con las ocupaciones, se vuelven la causa para no visitarles o brindarles la ayuda financiera que requieren y, usualmente, el cuido y apoyo se carga sobre los hijos que viven geográficamente más cerca de sus padres.

· **Resentimientos del pasado.** *Sucede cuando las relaciones entre padres y madres con sus hijos e hijas no han sido color de rosa.* Se guardan rencores de parte de los hijos o de parte de los padres, y eso crea una barrera que se traslada a lo financiero, pues hay padres que dicen: «Yo no quiero nada de él», o hijos que dicen: «Mis padres no se lo merecen». Si este capítulo logra que usted se reencuentre con sus padres o sus hijos me daría por satisfecho, aunque no lea todo el libro, pues habremos cumplido la misión de ayudarle en sus relaciones familiares. También existen casos contrarios donde los padres ya mayores tienen mucho dinero y no dan apoyo a sus hijos, por resentimientos o por desconfianza de cómo los hijos van a usar el dinero.

Tres consejos que nos pueden ayudar a honrar a nuestros adultos mayores:

1. *Pedir perdón.* Si usted es de las personas que tiene a sus padres o abuelitos abandonados, o ha abusado de sus finanzas, búsquelos en persona; si quiere escriba una carta, pida perdón y decida cambiar. No digo que vaya a ser fácil, especialmente si ha habido resentimientos de por medio.

2. *Consultar o identificar cuáles son las necesidades básicas,* tales como alimentación, salud, vestido, techo, pero no se quede ahí, haláguelos y sorpréndalos de vez en cuando, llévelos a tomar un cafecito, regáleles o envíeles una flor, invítelos a almorzar, invítelos a salir, sin motivo alguno.

Sé que la distancia no siempre lo va a permitir, pero, si usted se lo propone, programe en su agenda y calendario visitarles. Recuerdo una vez estar hablando con un profesional y, mientras programábamos una reunión para el jueves a mediodía, él me sorprendió con su respuesta cuando me dijo: «Disculpe, Javier, es que todos los jueves tengo un compromiso de ir a almorzar con mi madre, que es anciana». Qué gran lección me dio este señor. A partir de entonces trato de separar al menos un día a la semana para compartir con mis padres.

3. *Separar tiempo y presupuesto para ayudarles y compartir con ellos,* siendo esto un acuerdo de pareja y dentro de sus posibilidades. Analice su presupuesto y juntos definan un monto para darles a los suegros ya mayores, aunque no estén pasando una gran necesidad. Dentro de su presupuesto puede apartar ciertos montos para ayudarles a reparar o sustituir algún electrodoméstico, o para mejorar la casa.

PRINCIPIO DE SABIDURÍA:
¡Honrar!

«Honra a tu padre y a tu madre, para que disfrutes de una larga vida en la tierra que te da el Señor tu Dios».[29]

Uno de los diez mandamientos hace énfasis en honrar a nuestros padres. Por supuesto que esta instrucción es tanto para los jóvenes como los adultos. A los padres se les debe honrar dependiendo de la etapa en que nos encontramos. Cuando somos niños o jóvenes es respetándoles y obedeciéndoles. Cuando crecemos más, les honramos escuchándoles y atendiendo sus consejos. Y cuando ellos son ancianos les honramos cuidando de que no les falte de nada y de que vivan de forma digna.

Las Sagradas Escrituras también nos enseñan que todo lo que sembramos lo vamos a cosechar. No debemos olvidar que nosotros algún día vamos a ser ancianos y Dios nos permita contar con hijos que se mantengan cerca.

Sé que algunas personas que leen este libro tal vez me dirían: «Javier, no conocí a mi papá», o: «Yo me crie con mis abuelos o tíos». En esos casos deben bendecir a quien estuvo al cuidado de ustedes. Si Dios pone en su camino o les inquieta a buscar al padre que nunca conocieron, lo pueden hacer y, en un gesto de amor, perdonarlos y bendecirlos.

Recuerdo a una mujer suramericana que contaba cómo sufrió con el trato que le dio su padre, al punto que llegó a odiarlo. Años después, Dios pone a su padre, ya anciano y enfermo al cuidado de ella. Esta mujer cuenta su lucha por perdonarlo y cuidarlo hasta que su padre partiera con el Señor. Desde luego no fue fácil, pero fue de gran testi-

---

29. Éx 20.12.

monio para su padre y el resto de su familia. Es como recordar las palabras de las Sagradas Escrituras cuando nos invita a no devolver mal por mal, sino bien por mal.[30]

Desafío:

- Si tiene que pedir perdón, pídalo.
- Si puede apoyar financieramente, apoye.
- Si puede compartir lo que tiene, compártalo.

¡Ellos y ellas lo merecen!

/ / /

EJERCICIOS DE EVALUACIÓN

- ¿Cuándo fue la última vez que le diste una ayuda financiera a tus padres?

- ¿Cuándo fue la última vez que les diste la oportunidad de salir a divertirse?

- ¿Cada cuánto los llamas o visitas?

---

30. Ver Pr 25.21-22, Mt 5.44-48.

Capítulo 14

Antes de la Navidad
Para evitar la cuesta de enero

«*Disfruta de las pequeñas cosas, porque puede que un día vuelvas la vista atrás y te des cuenta de que eran las cosas grandes*».

Robert Brault

S E estará preguntando por qué el tema de la Navidad a mitad del libro. Por una sencilla razón: muchas veces esperamos que llegue diciembre para pensar qué vamos a regalar y a quién. Esta sección busca ayudarle a prepararse de antemano para los gastos de fin de año. Empecemos compartiendo algunos mitos acerca de los gastos de Navidad.

Mitos acerca de los gastos de Navidad y en cuanto a regalar:

– *Los regalos costosos son mejores:* lo cual no necesariamente es así, puede dar obsequios asequibles y bonitos.

– *Debo dar regalos a cada uno:* cuando en realidad puede dar regalos grupales o colectivos. Por ejemplo, a un grupo de primitos darles una pelota de fútbol que pueden compartir o juegos de mesa.

– *Hay que comer en restaurantes para festejar:* esto debido a la idea de que tenemos mucho dinero en diciembre, tendemos como a emocionarnos olvidando que podemos hacer comidas deliciosas y compartir en casa con amigos y familia.

– *Debo aprovechar para comprar a lo loco!* Debido al espíritu navideño, la publicidad y las ofertas, la mayoría de la gente se deja llevar al ver amigos o familia, comprando aquí y allá, y caen en el error de comprar a lo loco.

– *¡Hay que aprovechar para irse de fiesta todas las noches!* Lo cual no solo hace que las personas gasten más, sino que pueden traspasar los límites de hasta dónde gastar y dónde detenerse.

Permítame darle algunas formas prácticas de cómo organizarse en sus gastos este fin de año. Lo único que necesita usted para organizar sus gastos esta Navidad son tres cosas: hojas de papel en blanco, un lápiz y una calculadora.

Una de las hojas la va a usar para organizar los gastos de Navidad con su ingreso extra. Y la otra la va a utilizar para organizar sus ingresos de diciembre y evitar la cuesta de enero.

Esta forma de organizarse le ayudará a definir, de manera ordenada, un presupuesto navideño y de fin de año que, tal vez, usted normalmente lo hace en su mente, pero la idea acá es ponerlo en blanco y negro.

Gastos de Navidad con DINERO EXTRA[31]

En primer lugar, tome tiempo con su familia o con su pareja, cuando aplique y siga las siguientes indicaciones:

---

31. En la mayoría de los países existe el decimotercer mes, otros lo llaman aguinaldo, o tienen algún salario extra de Navidad o extras de comisiones o bonos o bien el ahorro navideño.

1. Trace una línea vertical dividiendo la hoja en dos partes y luego una línea horizontal, con lo que la hoja queda dividida en cuatro partes o cuadrantes.

2. Anote en la parte superior de la hoja lo que va a recibir de dinero extra y ahorros, o bien ingresos adicionales por el negocio que usted tiene. Supongamos que usted va recibir el 100% de dinero extra.

 3. Luego, en el primer cuadrante ubicado en la parte superior izquierda, ponga el título de PAGAR CUENTAS. Las cuentas incluyen aspectos tales como:

– Poner al día las cuentas.

– Tarjeta atrasada.

– Impuestos de casa.

– Impuestos del vehículo.

– Impuestos al Gobierno.

Supongamos que, al sumar cada gasto, este monto asciende a 25. Anótelo a la par del título. Ahora usted sabe que le quedan solo setenta y cinco.

 4. Luego, en el segundo cuadrante ubicado en la parte superior derecha, ponga el título RESERVAS AÑO SIGUIENTE. Queremos introducir este término en nuestras finanzas familiares. ¿Cuál es la diferencia entre reserva y ahorro?

Digamos que son parecidos pero no es lo mismo, pues el ahorro tiene un destino para algo que usted desea o necesita. Mientras que la reserva es guardar para algo que usted tiene que afrontar en el futuro (siguiente mes o meses), pero no cuenta con todo el dinero en este momento y planea hacerlo en enero. Algunos de ellos son:

– Adelanto de matrícula de la educación de sus hijos.

– Exámenes de salud.

– Iniciar ahorro anual.

- Entrada para clases.
- Inicio de sus propios estudios.

Supongamos que, en total, este monto asciende a veinte. Anótelo a la par del título. Ahora usted sabe que le quedan solo cincuenta y cinco.

5. En el tercer cuadrante ubicado en la parte inferior izquierda anote el título NAVIDAD. Y es aquí donde queríamos llegar pero debíamos priorizar antes lo más necesario. Estos gastos varían dependiendo de cómo suele usted festejar estos días. En general, algunos gastos normales en esta época serían:

- Comidas especiales.
- Adornos alusivos a la Navidad (como, por ejemplo, luces).
- Ayuda a otros (personas, iglesias, organizaciones).
- Lista de regalos donde debe incluir un precio estimado de la envoltura y las tarjetas (aunque puede hacerlas usted).
- Cenas de Nochebuena y Fin de año.
- Algunos el mes anterior habrán hecho su previsión del Día de Acción de Gracias; especialmente quienes viven y lo celebran en Estados Unidos.
- Viajes dentro o fuera del país. Este puede ponerse en RESERVAS, si planea viajar en enero en lugar de diciembre.
- Fiestas navideñas con amigos, familia y trabajo.
- Comidas fuera de casa.

Supongamos que, en total, este monto asciende a 30, pero recuerda que a usted solo le quedaban 25. Entonces debe ajustarlo para no sobrepasar la cantidad con la que contaba. Una vez ajustado el monto, anótelo a la par del título.. Ahora usted sabe que le quedan solo 25.

6. Y, por último, en el cuadrante ubicado en la parte inferior derecha anote MANTENIMIENTO. Todas las cosas materiales tienden a desgastarse o deteriorarse, lo cual implica que deben ser reparadas o cambiadas del todo por algo más nuevo. Si ya

cuenta con ahorros para imprevistos no es tan importante, pero cada cual debe definirlo de acuerdo a sus prioridades. Habrá personas que no tienen cuentas pendientes que tal vez pueden dedicar más a gastos de Navidad y de mantenimiento.

Sin embargo, en general, algunos de estos gastos pueden incluir:

– Vestimenta: aquí nos referimos a zapatos, ropa, ropa interior, medias y otros accesorios que ya no están bien y es mejor renovarlos.
– Luces o apagadores dañados.
– Arreglar o cambiar muebles, o enseres de cocina, o reparar el equipo de sonido o cambiar el televisor.
– Reparar el calentador del agua.
– Pintar o reparar el techo, o reparar canoas, o el portón de la casa.
– Ampliar un cuarto de lavado de ropa o la cocina, o bien hacer una cerca en el patio.
– Reparar el vehículo.

Supongamos que, en total, este monto asciende a 30. Anótelo a la par del título. Ahora usted sabe que ya asignó el 100% de su dinero extra a propósitos específicos, y que va cubrir sus necesidades de Navidad y Año Nuevo.

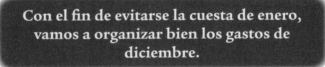

Con el fin de evitarse la cuesta de enero, vamos a organizar bien los gastos de diciembre.

Una vez termina este ejercicio puede revisarlo para reasignar partidas, algunas pueden aumentar y otras bajar. Luego, ajústese a él y péguelo en el refrigerador o escríbalo en su computadora, para que lo tenga en mente, o saque una copia pequeña. Al final, este cuadro va a quedar más o menos como aparece en la Figura 14.1:

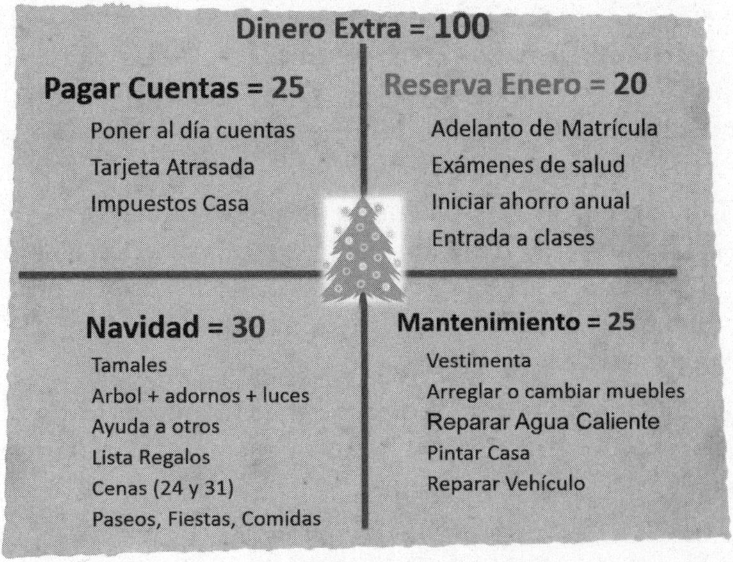

Dinero Extra = 100

Pagar Cuentas = 25

Poner al día cuentas
Tarjeta Atrasada
Impuestos Casa

Reserva Enero = 20

Adelanto de Matrícula
Exámenes de salud
Iniciar ahorro anual
Entrada a clases

Navidad = 30

Tamales
Arbol + adornos + luces
Ayuda a otros
Lista Regalos
Cenas (24 y 31)
Paseos, Fiestas, Comidas

Mantenimiento = 25

Vestimenta
Arreglar o cambiar muebles
Reparar Agua Caliente
Pintar Casa
Reparar Vehículo

Figura 14.1

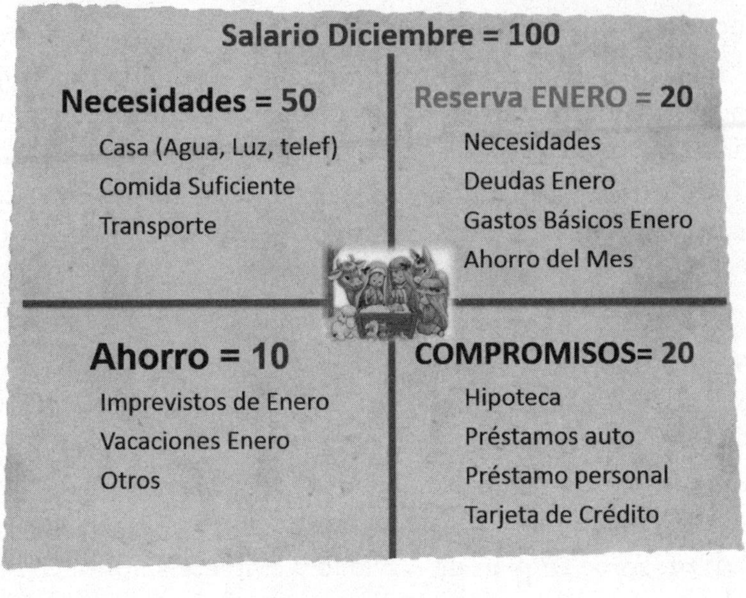

Salario Diciembre = 100

Necesidades = 50

Casa (Agua, Luz, telef)
Comida Suficiente
Transporte

Reserva ENERO = 20

Necesidades
Deudas Enero
Gastos Básicos Enero
Ahorro del Mes

Ahorro = 10

Imprevistos de Enero
Vacaciones Enero
Otros

COMPROMISOS= 20

Hipoteca
Préstamos auto
Préstamo personal
Tarjeta de Crédito

Figura 14.2

¿Cómo aprovechar su salario de DICIEMBRE?

Un error que yo cometí muchas veces era pensar que el salario de diciembre era para festejar y utilizar en la Navidad, lo cual supuso un aprendizaje, pues el salario de DICIEMBRE debe ser utilizado para lo que siempre se utiliza el salario del mes, y me refiero a las necesidades básicas del hogar.

Con el fin de evitarse la cuesta de enero, vamos a organizar bien los gastos de diciembre para que no se nos acabe todo en la Navidad y fiestas de Año Nuevo. Recuerde que muchos reciben todo su salario antes de terminar el fin de año. Y en esto hay dos riesgos:

RIESGO 1. Usar el salario de la primera quincena y mezclarlo con el presupuesto de Navidad y gastar más de lo previsto en el paso anterior.

RIESGO 2. Usar el salario de la segunda quincena y gastarlo en las fiestas de Fin De Año. Por ello es vital poner mucha atención al uso de este salario más que al de cualquier otro mes del año.

El método a utilizar va a ser parecido. Dividiendo una hoja de papel en cuatro partes, la hoja de gastos de diciembre quedaría más o menos como aparece en la Figura 14.2.

Al utilizar este sencillo método usted va, de forma práctica, a distribuir ordenadamente su dinero el próximo Fin de Año.

Ideas finales:

Primero. Le recomiendo que separe las RESERVAS para el año siguiente, así como NECESIDADES y MANTENIMIENTO.

Segundo. Vaya y pague las deudas o pagos pendientes antes de que se emocione y lo gaste en ofertas.

Tercero. Tome su plan de Navidad y empiece a aplicarlo llevando un control para que no se exceda de las cifras estimadas. Planee los regalos, el tipo de adornos navideños que puede comprar (recomiendo reutilizar los del año anterior y hacerlos usted mismo), dónde van a ir de vacaciones, y el menú o la forma de organizar la cena y las comidas tradicionales.

Cuarto. Antes de salir a comprar, busque la mejor opción, compare precios y aproveche los descuentos. Algunos países tienen descuentos en el famoso viernes negro; pueden aprovecharlo para los regalos de navidad o artículos que se necesitan SIN EXCEDERSE ni comprar alocadamente.

Quinto. Manténgase VIGILANTE de esos gastos para no sobrepasar lo planeado. Si va de compras es muy fácil equivocarse y, cuando se da cuenta, está mezclando sus gastos mensuales con los de Navidad.

Sexto. Mantenga siempre mucho control y diálogo con su pareja para apoyarse mutuamente en las decisiones.

Séptimo. Recuerde en Navidad mantener la visión de que es nuestro tiempo navideño, que damos regalos juntos como pareja, que vamos a decidir juntos cómo organizar *nuestro dinero y nuestras vacaciones*, y más importante que los regalos es la unidad y el amor de *nuestra* familia.

PRINCIPIO DE SABIDURÍA:
¡No despilfarrar!

«En casa del sabio abundan las riquezas y el perfume, pero el necio todo lo despilfarra».[32]

¿Cuáles son mis convicciones con relación al consumo? ¿Moderado o desenfrenado? Para nadie es un secreto que la Navidad es una de las épocas del año donde se gasta y despilfarra más dinero en casi todos los países del mundo. Algunos ya han implementado las promociones del viernes

---

32. Pr 21.20.

negro, compra en pijamas y hasta pasan la noche esperando que abran los locales. Pude verlo en Washington: familias en tiendas de acampar como si fuera un día de campo, esperando que los almacenes abrieran sus puertas para lograr comprar alguno de los diez televisores de pantalla plana en promoción. Por ello, este principio es fundamental para evitar el despilfarro en esta época del año donde abundan las ofertas, las promociones y los estímulos publicitarios que motivan a las personas a gastar de forma impulsiva. Juan Wesley decía: «Gana todo lo que puedas; ahorra todo lo que puedas; da todo lo que puedas».

Por ello, con estos principios lo que buscamos es precisamente ayudarle a encontrar elementos que, de alguna forma, le guíen a tomar las mejores decisiones en sus finanzas personales por su bien y el de su familia. No solo la Navidad requiere dar regalos, sino los festejos de cumpleaños, aniversarios y celebraciones especiales, que pueden sacarte de balance financiero «de repente».

Este principio que el escritor de Proverbios nos indica tiene que ver con dos actitudes opuestas. En primer lugar, las personas sabias toman decisiones correctas para vivir de forma correcta y eso les permite prosperar de alguna manera y podrían llegar a prosperar en familia. En este caso no queremos circunscribir prosperidad a lo financiero, sino a la tranquilidad de la familia en diciembre y en enero, cubriendo las necesidades básicas y sin caer en un endeudamiento excesivo en esas fechas festivas. En segundo lugar, las personas que despilfarran el dinero en esas épocas pueden socavar sus finanzas y afectar su futuro. Tanto es así que pueden caer en un punto ciego donde no se dan cuenta de que pueden afectar sus finanzas aunque sea por un tiempo, pero que si se vuelve un patrón sería de gran riesgo para su familia.

Desafío:

Elabore su plan de cómo utilizaría el dinero extra y el de diciembre.

EJERCICIOS DE EVALUACIÓN

– ¿Cómo ha utilizado en años anteriores el dinero extra y el de diciembre?

– Evalúe qué podría mejorar para el próximo diciembre.

– Reflexione con su familia durante esos días sobre el verdadero sentido y mensaje de la Navidad, que es compartir, la venida de nuestro Salvador y el valor de la solidaridad.

– Organice con su familia la visita a algún centro de niños, ancianos o jóvenes y lleven regalos, tiempo y donen de sus propias pertenencias en señal de caridad y desprendimiento.

PARTE 4

FINANZAS EXTREMAS

Capítulo 15

Siete errores más frecuentes que llevan a crisis financieras familiares

«Contentamiento es vivir con menos y sentirse bien».
Jill Savage

RECUERDO haber pasado varios momentos de crisis financiera en mi familia, cuando mi padre nos reunió a todos los hijos y nos dijo que los negocios no andaban bien, y que debíamos tomar medidas «extremas»; fue toda una enseñanza para mí. La lección fue clara: debíamos enfrentar juntos *nuestra crisis*, no solo la del negocio de mi padre. Cuando un miembro de la familia o la pareja pasa por una crisis financiera, no es *su crisis* sino *nuestra crisis* y juntos la vamos a superar. Cuando ya casado me quedé sin trabajo, tres meses antes de nacer mi primer hijo Stefano, vi luego cómo, gracias a Dios y al apoyo de Cynthia, esta situación inesperada se tornó en una gran experiencia en un nuevo trabajo viajando por varios países de Latinoamérica, capacitando y asesorando empresas. Recuerde tener FE, pues al final solo Dios sabe lo que sigue.

Luego tuve un par de crisis financieras por mis malas decisiones en deudas con tarjetas de crédito y gastos desmedidos, lo cual me llevó a aprender que las crisis también pueden ser causadas por uno mismo.

Siempre digo en los seminarios que las crisis financieras pueden tener tres causas posibles:

La primera, externa, *de la cual no siempre usted tiene el control,* cuando azota una crisis económica con aumento de la inflación, como ha sucedido en varios países latinoamericanos, o crisis política en el país que crea inestabilidad a la moneda y a las empresas, o por un quebranto de salud, o cuando cierran la empresa y debes ser liquidado, o cuando tus negocios no marchan bien, o cuando suben dramáticamente las tasas de interés.

La segunda es interna, *de la cual usted tiene más control,* y tiene que ver con nuestras decisiones. Cuando asumimos más deudas de las que podemos pagar, cuando gastamos y despilfarramos sin moderación, cuando entramos en negocios ilícitos o en negocios de corrupción, cuando no medimos el riesgo de las decisiones, cuando nos arriesgamos demasiado al invertir o en los negocios.

> **Somos producto de las decisiones del pasado, pero no debemos ser presa de ellas en el mañana. Podemos empezar a tomar buenas decisiones.**

La tercera es una combinación de factores externos y decisiones internas. Es cuando decidimos entrar en muchas deudas (decisión interna) y empiezan a subir las tasas de interés (factor externo). O cuando me despiden del trabajo en una reorganización (factor externo) por no dar mi mejor desempeño (decisión interna). O cuando una persona decide invertir en capital de riesgo (decisión interna) y los mercados bursátiles se caen (factor externo). Como vemos, también puede ser una combinación de factores externos versus decisiones internas.

No son pocas las personas que viven en una continua crisis financiera a causa de ellos mismos (decisiones internas). Desde luego habrá casos en que la crisis pudo llegar por tener un ingreso que se ubica en los índices de pobreza (factores externos) y que no les da para cubrir el precio de los artículos de consumo básicos, como es el caso de millones de hispanos.

En otras ocasiones puede ser la pérdida de un empleo, o la muerte de un ser querido que traía el sustento al hogar, o algún accidente o robo inesperado que vemos cada día en los noticieros (factores externos). Lo cierto es que muchas otras personas atraviesan una crisis financiera debido a sus malos hábitos, crisis de valores también conocida como el *riesgo moral*, que es cuando usted da información incompleta o falsa de su estado de ingresos para que le aprueben un préstamo, o cuando pide un préstamo para que el negocio le produzca más y lo usa para otra actividad, como un viaje de placer, o cuando no tiene una atención responsable y diligente de sus finanzas personales.

Por favor, lean esta sección para cobrar ánimo y no tanto sentirse culpable o culparse unos a otros por las decisiones del pasado. El anhelo de mi corazón es animarle a que aprendamos y descubramos cosas que muchas veces no se enseñan en las aulas de los estudios formales, pero que son lecciones de vida. Por ejemplo, ¿cuáles son las causas de las crisis que pudimos pasar? Pero mejor aún es advertir y considerar algunos principios que les reduzcan la posibilidad de entrar en crisis financiera.

Muchas parejas se separan por no superar sus incompatibilidades en esta área financiera a través del diálogo. Quizá hoy está experimentando un «combo» de errores de los que no ve la salida. Esperamos ayudarle con estas ideas. Ahora bien, si su situación es favorable y no se encuentra bajo ninguna crisis financiera, le recomendamos que, de igual manera, preste atención y prevenga para no caer en estos errores. Recuerdo en una ocasión estar atendiendo a un profesional que, con lágrimas en sus ojos, me decía: «Yo le vi a usted hace dos años dando consejos a gente en crisis financiera en la televisión, y me dije: "ESO NO ME VA PASAR A MÍ", y ahora míreme, estoy aquí frente a usted por mis desórdenes financieros, arrepentido, y debo pedir perdón a mi esposa por lo que la estoy haciendo pasar».

> **Nadie puede gastar su dinero indiscriminadamente sin sufrir las consecuencias.**

Siete errores financieros muy comunes

Quiero usar las señales del tránsito para ilustrar los errores más comunes mientras nos conducimos por esta vida usando nuestro dinero:

1. *Consumir desmedida y desenfrenadamente solo porque se cuenta con el dinero.* Es como ir con «exceso de velocidad». Nadie puede gastar su dinero indiscriminadamente sin sufrir las consecuencias. Es cuando la persona simplemente gasta en lo que ve y en lo que siente, toma decisiones por emociones, gasta en lo que quiere sin evaluar otras prioridades. Muchas veces motivado por su anhelo de tener y tener, para aparentar, para llenar un vacío emocional, o simplemente para darse unos gustos ahora que «puede». El dinero se le va como agua entre sus manos, no lo olvide, debemos cuidarlo.

2. *No ahorrar parte de sus ingresos o ingresos extra.* Es como conducir un automóvil sin abrocharse el cinturón de seguridad o sin utilizar casco protector de la cabeza al viajar en motocicleta. Son personas cuya filosofía de vida es «vivir aho-

ra». Esto hace que ante eventualidades —como pérdida de empleo, imprevistos, gastos de temporada como Navidad, cumpleaños, días de la madre o del padre— no tengan el dinero para cubrir los gastos.

3. *Endeudarse «hasta el cuello» para obtener todo lo que necesita o quiere.* Es como adelantar en una curva; en cualquier momento hay un accidente y no solo le afecta a usted, sino también a otros y a su familia. Son personas que piden dinero para todo y cuyo estilo de vida es deuda, deuda y más deuda. Viven endeudados toda su vida para aparentar, para satisfacer deseos y necesidades; usan el crédito hasta para comprar un par de zapatos y luego olvidan pagar. Caen en la trampa del «pago mínimo» de la tarjeta de crédito, pagando intereses y más intereses.

Hay otras personas que se endeudan de manera innecesaria y, cuando se dan cuenta, tienen una montaña de minipréstamos con diferentes personas y acreedores, bancos y uno que otro pago a vendedores que van casa por casa. Atendí a una pareja que sumaba veintisiete deudas, ¡imagínese! Gracias a Dios, mediante un acompañamiento y siguiendo consejos como los expuestos en este libro lograron salir adelante.

4. *Les cuesta decir NO.* Es como irrespetar la señal de ALTO, no sabe si se va a encontrar un gasto inesperado. Evalúe las opciones y, de ser necesario, diga un NO rotundo a los ofrecimientos de constantes opciones de compra, a las tarjetas de crédito que saben que no van a poder pagar, a las invitaciones de actividades para las cuales saben que no tienen fondos, a las relaciones ilícitas que le van a sacar dinero, a los vicios que consumen parte de sus fondos y de su vida, a negocios deshonestos y a las deudas más allá de su capacidad de pago o para adquirir caprichos. Por lo general, no se recomienda comprometer más de un 30% a 35% de sus ingresos en pagos de préstamos. Si ese es su caso, debe iniciar

un plan de reducción o readecuación de sus deudas para liberar su salario.

5. *No trabajar las incompatibilidades financieras con su pareja.* Eso es no respetar el «ceda», es no dar el paso a nuestro cónyuge para evitar colisiones de pareja. El temor a hablar este tema es fatal para las parejas que no gozan de esta confianza. Es un hecho, cada persona tiene hábitos y costumbres financieras diferentes y a veces no jalamos para el mismo lado, sino para direcciones opuestas, lo cual crea tensión en la relación. Esto se dificulta aún más cuando tenemos hábitos o puntos de vista diferentes en materia de finanzas.

Al llegar al matrimonio, estas diferencias se hacen más visibles, creando crisis. Si no se buscan soluciones, estos matrimonios pueden verse en situaciones financieras muy críticas y, definitivamente, requieren de acompañamiento por consejeros matrimoniales también.

6. *No educarse en las finanzas personales para tener orden financiero,* es como conducir sin aprobar el curso de manejo, ni la revisión periódica de su vehículo. Es similar a cuando se daña algo del vehículo que es clave para el manejo y no se repara. Es ser desordenado en cambios de aceite. Lo mismo en las finanzas, es tener desorden y no buscar cómo organizar y dar seguimiento «constante» a sus gastos.

No todas las personas han tenido la oportunidad de contar con un papá o mamá que les guiara en las finanzas personales. Esto es común, pero se puede revertir asistiendo a charlas, o a cursos como el de Conceptos Financieros Crown, leyendo libros y buscando información en entidades financieras y desde luego en Internet, como el de www.finanzasconproposito.org o la Universidad Financiera de Consumo inteligente (www.consumointeligente.org).

7. *Asumir negocios riesgosos.* Es semejante a conducir con las luces del vehículo en mal estado en una carretera nublada, nevada o lluviosa. Las estadísticas dicen que, de cada diez

negocios nuevos, cuatro de ellos cierran por diferentes motivos; esto se puede ver como un aprendizaje. El problema es que muchas familias caen en crisis cuando invierten todo su dinero o se endeudan para empezar un negocio sin tener el debido conocimiento o motivación para llevarlo adelante. Esto hace que, después de un poco de tiempo, renuncien a todo, creando crisis en sus finanzas o perdiendo parte de sus bienes. Hablaremos más de este tema en el capítulo «S.O.S. ¡Ayuda a mi negocio familiar!».

¿Qué hacer?
¡PONER LÍMITES y RESPETAR LAS SEÑALES!

1. *Consumir con inteligencia.* Sea un consumidor prudente, gaste sólo el dinero que tiene disponible y piénselo mínimo dos veces antes de consumir algo que no está en el presupuesto con las preguntas: ¿lo necesito ahora? ¿Puede este gasto esperar? ¿Hay otro gasto más prioritario?

2. *Ahorre con consistencia.* Desarrolle el hábito y la disciplina. Algunos lo llaman «páguese primero a usted mismo y sea consistente». Ahorre aunque sea entre un 5% y 15% de sus ingresos, destine un objetivo a sus ahorros. Sea un ahorrador sabio. Ahorre los excedentes como pagos o trabajos extras y ahorre cuando el negocio genere un poco más de beneficios.

3. *Limpie su imagen como deudor.* Haga un esfuerzo. Acostúmbrese a vivir con lo que tiene y no viva de dinero prestado. Si está hasta el cuello de deudas, busque ayuda. Y organice un plan para salir de ellas.

4. *Póngase límites y sea firme.* Póngase límites máximos de gasto y de deudas, y póngase límites mínimos de ahorro y ayuda en la iglesia y otras ONG. Ante situaciones que sabe no va a poder hacer frente o que son deshonestas, aléjese.

5. *Buscar soluciones para conciliar y ordenar.* Si aún no se han casado, es recomendable que abra bien los ojos y se conozcan usted y su pareja antes del matrimonio. Una vez casados, aborde estas incompatibilidades mediante el diálogo o la asesoría de un consejero para convertirlas en complemento. Como pareja es fundamental respetarse, trabajar juntos un presupuesto, ser transparentes y, muy importante, tener planes juntos.

> **No arriesgue todo su capital, vaya poco a poco, sea innovador y persevere con paciencia.**

6. *Preocúpese por aprender más formas de mejorar sus finanzas,* de manera que les permita desarrollar sus propias técnicas de ahorro y control de gastos. Pregunte, lea, consulte, no se quede con dudas, mejore sus hábitos y enseñe a sus hijos para que no vivan lo que usted vivió o está experimentando. Busque información en www.finanzasconproposito.org, en sitios de Conceptos Financieros Crown, asi como en Cultura Financiera, entre otros.

7. *Asesórese y calcule bien los riesgos antes de empezar un negocio.* Hoy en día hay muchas opciones para aprender. Explore otros negocios, tomen decisiones en familia. No arriesgue todo su capital, vaya poco a poco, sea innovador y persevere con paciencia. Y siempre pregúntese: «¿Qué pasaría si...?».

PRINCIPIO DE SABIDURÍA: ¡TODO AYUDA A BIEN!

«Ahora bien, sabemos que Dios dispone todas las cosas para el bien de quienes lo aman, los que han sido llamados de acuerdo con su propósito».[33]

Este ha sido uno de mis pasajes favoritos desde mis primeros años de universidad, que me ha ayudado a entender que cualquier circunstancia que uno pueda atravesar puede tornarse en algo positivo. Dios reutiliza todo lo que nos pasa y hace cosas nuevas. Ese es precisamente el milagro y la expectativa que debe surgir en nosotros. Y ahora, Dios, ¿cómo puede tornarse en algo positivo esta circunstancia? No siempre lo vamos a saber de inmediato, tiempo después Dios nos mostrará el propósito del por qué sucede lo que sucede, y por qué cambió o enderezó nuestros pasos o decisiones. Lo hermoso es saber que Dios cuida de nosotros y que, al final del camino, él dispone todo para bien nuestro y de nuestra familia. De ahí que sea importante que, antes de tomar decisiones de finanzas y en otros ámbitos, tomemos un minuto para darle gracias por darnos el PAN de cada día, y que se haga su voluntad en esta tierra como se hace en el cielo.

DESAFÍO:

- Revise cuál de estos errores está afectándolo y empiece esta misma semana a corregirlos.

- Busque ayuda de ser necesario.

---

33. Ro 8.28.

/ / /

EJERCICIOS DE EVALUACIÓN

– ¿Recuerda usted experiencias de crisis viviendo con sus padres?

– ¿Cómo las resolvieron para salir adelante?

– ¿Qué puede hacer para salir o evitar crisis financieras?

CAPÍTULO 16

¿CÓMO PREVENIR Y RECUPERARSE FINANCIERAMENTE DE LOS DESASTRES?

> «El hombre que se levanta es
> aún más grande que el que no
> ha caído».
>
> Concepción Arenal

POR varios años trabajé en el ámbito de América Latina y el Caribe en el Financiamiento Basado en Proyectos, para la organización social internacional Hábitat para la Humanidad. Una loable organización con principios cristianos para ayudar a las familias de escasos recursos con el fin de tener vivienda digna. En varios países pudimos ver el impacto de los desastres naturales, especialmente en Haití, país donde tuve que servir por varios años y que aprecio con todo mi corazón. Todos los países están expuestos a desastres, tales como inundaciones, *tsunamis*, terremotos, incendios forestales, incendios inesperados y accidentes, entre otros.

Todos esperamos que no ocurran, pero debemos estar preparados. El refrán popular dice: «Más vale prevenir que curar».

¿Cómo hacer o cómo prepararse para una eventual emergencia?

Dada esta realidad, decidí hace unos años desarrollar algunos consejos para que en el ámbito financiero podamos prevenir para mitigar con el fin de que, a pesar de un desastre natural, se puedan amortiguar los impactos financieros de su familia.

Las familias que no toman medidas preventivas arriesgan no solo sus vidas, sino su patrimonio familiar, como su vivienda, mobiliario, electrodomésticos, vehículos, sus ahorros y demás pertenencias. Aunque uno confía y desea plenamente que nunca un desastre toque nuestra puerta, nadie puede garantizarlo.

Una medida preventiva es identificar riesgos. Por ejemplo, las personas que viven en los márgenes de los ríos, las familias ubicadas en laderas o áreas propensas a deslizamientos o incendios forestales, tornados o huracanes, y quienes viven en zonas volcánicas y sísmicas, están más expuestas a mayores riesgos naturales que quienes no viven en ese tipo de zonas.

Vamos a enfocar nuestra atención en dos formas de proteger nuestras finanzas ante los desastres, la preparación financiera ante un eventual desastre y en la recuperación financiera postdesastre con el fin de reforzar la cultura de prevención y motivar a una cultura de adaptación ante desastres.

Preparación financiera (antes de un eventual desastre)

Es recomendable contar con:

1. *Copia de Documentos importantes,* los cuales deben tener guardados en un lugar seguro fuera de la casa, como un banco, oficina u otro fuera de la zona de riesgo. Algunos documentos son certificados de propiedad, certificados de inversión, copia de títulos de estudio, copia de sus documentos de identificación legales, incluido el pasaporte.

> **Hay que estar preparados e informados para saber qué hacer si algo llega a suceder.**

2. *Información digital.* Tenga una base de datos virtual, conocida como espejo, ya sea en otro lugar o en la nube.

3. *Reubicarse de ser posible.* Si vive en zona de riesgo como a orillas de un río o áreas con potenciales deslizamientos, aunque no es fácil, busque opciones de reubicación.

4. *Cree un fondo de ahorro* para subsistir o para reponer los bienes básicos ante un desastre.

5. *Deposite en un banco esos ahorros,* dado que, en caso de un desastre, lo podría perder todo y va a requerir de dinero para recuperarse y subsistir.

6. *Asegure todo lo que pueda:*

– Seguros para proteger la vivienda: Valorando las opciones en entidades de seguros.

– Seguros para los bienes del hogar.

– Seguros para el vehículo.

– Seguros de vida, para dejar protección a la familia en caso de que algo nos ocurra.

7. *Atienda TODAS las recomendaciones,* del Estado o entidad especializada en prevención y atención de desastres y emergencias.

Hay que estar preparados e informados para saber qué hacer si algo llega a suceder. Por ello, si somos visitados por un infortunio de este tipo, tratemos de seguir algunas de las recomendaciones siguientes.

Recuperación financiera (postdesastre)

Hay estudios que demuestran que cada uno de nosotros posee diferentes grados de *resiliencia,* que es la capacidad que tenemos de asimilar un golpe emocional y, en este caso, pérdida material muy fuerte. El desafío es adaptarse a la situación. Para algunos implica tener que dormir en otro lugar, depender de la ayuda de otros o aceptar la pérdida de un ser querido.

¿Qué pasa si alguien lo pierde todo y no tiene nada de protección?

Tendrá que:

a) Aceptar la situación, aunque es difícil, hay que reconocer que no tiene otra opción más que cambiar por un tiempo su estilo de vida. Esto implica que tal vez su estándar de vida se alterará y deberá tener paciencia.

b) Tener fe y confianza para asimilar el golpe emocional y financiero para tomar fuerzas de la debilidad y del dolor, para lo cual puede buscar apoyo espiritual.

c) Aceptar la ayuda de entidades estatales sin negar la situación, acatando las instrucciones.

d) No culparse a sí mismo ni a otros, pues eso no ayuda. Debemos entender que estas situaciones suceden y hay que aceptarlas.

e) Buscar y aceptar apoyo de familiares y ayuda de otros, aunque no sea fácil.

f) Enfocar nuestra atención en lo aprendido, muchas personas después de una inundación por la crecida de un río, vuelven al mismo lugar aun sabiendo que es de alto riesgo.

¿Y qué sucede si tengo algún ahorro y seguros?

a) Utilice los seguros. Averigüe bien las cláusulas de los seguros. Atendí a una mujer después de que su esposo desapareció practicando surf en las costas del Pacífico, y su cuerpo nunca apareció. La empresa de seguros no quería pagarle el seguro de vida del esposo, pues él fue declarado desaparecido, y era necesario tener prueba del cuerpo para proceder a pagar, lo cual nunca sucedió, por lo que debían pasar cierta cantidad de años para declarar muerto al esposo. Proceda según lo estipulado en los seguros y, después, defina cómo va a utilizar esos recursos.

b) *Si puede,* reubíquese en una zona de menor riesgo cuando haya sido afectado por un desastre a la orilla de un río o laderas. Para ello deberá investigar la mejor reubicación.

c) *Utilice sus ahorros,* hay que hacer una cuidadosa priorización de los fondos disponibles. Al recuperar sus recursos escriba un plan de cómo utilizarlos de la forma más sabia y prudente. Empezando por su salud, alimentación, vestimenta y vivienda como prioridad.

d) *Fortalezca su fe.* Lamentablemente, muchas veces buscamos ayuda espiritual cuando nos enfrentamos a un desastre. Lo mejor sería fortalecer nuestra fe para confiar en que Dios nos puede ayudar ante cualquier tribulación o desastre. Asistir regularmente a una iglesia y leer las Sagradas Escrituras y libros que le ayuden con su fe va a darle más fortaleza espiritual ante un desastre. Recuerdo a aquella mujer que perdió a su esposo y sus hijos durante un terremoto, y, al verla cuando la entrevistaban por televisión, me impresionó la entereza espiritual con que enfrentó la situación y cómo expresaba su fe ante tan terrible hecho.

¿Qué pasa si mi propiedad o vehículo estaban hipotecados o prendados en un banco? ¿Debo seguir pagando el préstamo?

Usualmente están cubiertos por diferentes pólizas de cobertura total. Varía de una entidad financiera a otra, pero, por lo general, esos bienes están asegurados y el seguro cubriría y saldaría la deuda.

¡Tener una actitud emprendedora es vital!

Principio de sabiduría:
¡Prudencia!

«El rico y el pobre tienen esto en común: a ambos los ha creado el Señor. El prudente ve el peligro y lo evita; el inexperto sigue adelante y sufre las consecuencias».[34]

Todo este capítulo tiene que ver con prevención. Esto no quiere decir que no van a ocurrir desastres inesperados, pero cuantas más medidas de precaución usted tome, habrá un poco más de probabilidad de no sufrir un desastre o, en su caso, tendrá más opciones para recuperarse.

Como citamos al principio del capítulo: «El hombre que se levanta es aún más grande que el que nunca ha caído».

Casi todas las personas tenemos algún amigo o familiar, o nosotros mismos, que ha atravesado por experiencias de desastre, o bien hemos visto comunidades o familias afectadas en nuestros países. Es evidente que el riesgo ante un desastre siempre puede existir, lo cual puede afectar a ricos y pobres por igual. Todos pueden ver y saber que hay peligros. La diferencia está en ser prudentes, entender el peligro, saber que hay probabilidad de riesgo, y alejarse o tomar las medidas necesarias para prevenirlo o para mitigarlo. Sin embargo, la persona inexperta, o que ignora el peligro y no toma las medidas necesarias, según dice el proverbio, sufre las consecuencias, durante o después.

---

34. Pr 22.2-3.

DESAFÍO:

Lo importante es asegurarse que, si llega a pasar una catástrofe o desastre, usted esté cubierto ante eventuales desastres y situaciones de riesgo.

a) Si fue afectado por un desastre, adáptese, cobre ánimo y supere esta situación.

b) Seamos solidarios si hoy no hemos sido visitados por un desastre.

___ / ___ / ___

EJERCICIOS DE EVALUACIÓN

- No se confíe de la naturaleza. ¡Tome medidas lo antes posible, por su bienestar y el de su familia!

- ¿Revise cada diez años el sistema de electrificación de su casa?

- ¿Tiene seguros ante desastres? Averigüe las diferentes opciones de seguros para cubrir sus bienes.

- ¿Tiene ahorros para este tipo de eventualidades? Si no, ahorre para eventuales desastres.

Capítulo 17

Los vicios y las finanzas

> «Cuide sus pensamientos, porque se convierten en palabras.
> Cuide de sus palabras, porque se convierten en actos.
> Cuide sus actos, porque se vuelven hábitos.
> Cuide sus hábitos, porque se convierten en su carácter.
> Cuide su carácter, porque se vuelve su destino.
> Lo que pensamos, en eso nos convertimos».
>
> Margaret Tatcher en *La Dama de Hierro*

SIEMPRE he dicho que los problemas financieros no siempre se originan en el manejo del dinero. Hay otras causas que nos pueden poner en aprietos financieros que debemos conocer. Entre ellas están los vicios o las adicciones. Desarrollo este capítulo esperando que no sea su caso, pero si lo es deseo que le ayude. Si no, confío que pueda servirle a usted para ayudar a algún familiar, o amigo o conocido.

Por favor reconsidere estas preguntas:

¿Siente que algún hábito le esclaviza y no lo puede dejar?

¿Es acaso un vicio lo que está drenando sus finanzas?

«Vicio» viene del latín *vitium*, y significa falta o falla; una práctica o hábito que puede ser malo, dañino, inmoral o pecaminoso.

Los vicios son costumbres que afectan a quien los practica y a quienes lo rodean. Son prácticas negativas y unas son más peligrosas que otras. La mayoría afectan nuestro bolsillo, porque los vicios no son gratuitos, le consumen su dinero y muchas veces su salud y felicidad.

¿Conoce personas que tratan de mejorar sus finanzas pero sus vicios o los de su pareja le generan apuros?

Uno de los problemas con usar el dinero para cubrir sus vicios es que no es solo afecta la vida de la persona y su familia, sino que puede quebrantar sus finanzas y las de su hogar. Hay personas que han vaciado las arcas del hogar y hasta llegan a vender artículos para satisfacer su adicción.

A continuación, unas ideas que pueden ayudarle a ampliar su entendimiento del tema:

> **Los vicios no son gratuitos, le consumen su dinero y muchas veces su salud y felicidad.**

Seis vicios frecuentes: «Lo veo, lo pienso, lo quiero, lo tengo»

1. Cigarrillos.

Afectan su salud y la de otros.

Las principales víctimas son los jóvenes. Hoy, los chicos de dieciséis años fuman más que los adultos y la edad promedio de inicio es de doce años (OMS); lo cual hace que los jóvenes usen el dinero de sus padres para gastarlo en cigarrillos. Asimismo, los adultos que fuman en demasía desperdician su dinero en esa práctica. Una persona fumadora puede gastar entre dos mil a tres mil dólares por año que se podría haber ahorrado.

Pero mucha gente lo hace como forma de relacionarse socialmente. Fumar es una de las causas principales de cáncer de pulmón, pero no solo eso, sino que afecta a la familia de alrededor, pues llega a convertirse en fumadora pasiva que igual puede contraer esa enfermedad. Adicionalmente, fumar daña los dientes y los mancha y luego debe invertir dinero en sus dientes.

2. *Bebidas alcohólicas.*

¿Suele beber un trago tras otro sin control? ¿Miente o trata de disimular sus hábitos alcohólicos a quienes están a su lado? ¿Toma para sentirse bien? ¿Gasta dinero a escondidas para satisfacer su adicción? Recuerdo a cierto hombre contándome que usaba a escondidas dinero de su esposa para irse de tragos con sus amigos. La industria de las bebidas alcohólicas es una de las más millonarias en todos los países.

El riesgo del alcoholismo es que, aunque se inicia como una práctica socialmente aceptada, en algunas personas ha tenido efectos devastadores en su salud, su vida y sus familias.

Recuerdo que cuando trabajaba para un banco, en el centro de una ciudad, solíamos almorzar con los colegas (por pereza de llevar almuerzo...) y, en una ocasión, cerca de la Navidad, mientras salía a comer, observé a un hombre revisando los basureros de las calles capitalinas. Era víspera de Navidad: luces, ventas de uvas y manzanas, música, adornos de todo tipo y un aire fresco que soplaba como es típico de la época. Decidí seguir a ese hombre por unos diez minutos y le observé sacar vasos con refrescos de los basureros, restos de hamburguesas o huesos de pollo. Le abordé, saludándole primero, y le ofrecí unas uvas y manzanas. El hombre me miró con su vista vidriosa, cabello sucio y rodeado de un aura de mal olor, y me dijo: «¡Gracias!». Su aliento a licor era intenso y evidente. Luego le pregunté su nombre y quise saber qué lo llevó a andar por las calles en esa condición. Me dijo: «Yo soy contador de profesión. Empecé a tomar licor y me atrapó. Lo perdí todo. Mi trabajo, mi familia y, ahora, solo me queda vivir y dormir en las calles».

Ese testimonio me hizo ver el poder que tiene una adicción en la vida y futuro de un hombre y de una familia. Sé que usted no necesita tener muchas estadísticas para saber lo grave que es para un alcohólico caer en ese laberinto. De hecho, las organizaciones dedicadas a prevenir que los jóvenes caigan en el alcoholismo hablan en sus programas del efecto del alcohol en adolescentes, ya que no solo les puede crear la adicción, sino que les llega a afectar su bolsillo y el desarrollo de sus capacidades de memoria, como la concentración en su cerebro.

Como toda adicción, el alcohol crea dependencia de quien lo consume y codependencia[35] de la familia, que debe estar detrás rescatándole, o sacándole de los problemas y, a veces, se sienten forzados a sacrificar sus finanzas para ayudarles. El alcohol —como las drogas— reduce la capacidad de desempeño laboral y puede aumentar el ausentismo de quien padece de una o más adicciones. Es peor cuando una persona en un bar usa su tarjeta de crédito para seguir consumiendo. Hay que tomar pasos para salir de este fango.

> «Vicio» viene del latín *vitium*, y significa falta o falla; una práctica o hábito que puede ser malo, dañino, inmoral o pecaminoso.

3. Pornografía en Internet:

El más secreto de los vicios, pues los otros pueden tener algún grado de visibilidad. La persona con adicción a la pornografía puede vaciar sus finanzas y las de la familia. Se inician revisando revistas, luego se inducen a usar Internet incluso en sus teléfonos y tabletas electrónicas, lo que los lleva a un consumo excesivo, que luego puede conducirles a buscar la prostitución y asistir a *night clubs* como experiencias más intensas.

---

35. Codependencia es, en síntesis, depender de quienes dependen de usted.

La infidelidad virtual es la nueva causa de divorcios.

Está comprobado que es uno de los mecanismos de infidelidad que han cobrado fuerza en los últimos tiempos. Cada segundo se gastan en pornografía 3.075 dólares, equivalentes a 75.000 millones de dólares cada año, en este mismo instante más de 27.000 usuarios están viendo sitios pornográficos.[36] Estos datos muestran la estrategia agresiva de estas empresas. ¿De dónde sale todo ese dinero? De las familias, ya que lo que mantiene económicamente estos sitios son las personas que se vuelven adictas a la pornografía.

La infidelidad virtual es la nueva causa de divorcios. Es cuando él o ella, tarde en la noche, cuando todos duermen, o cuando se encuentran a solas, acceden a la pornografía y, aún peor, empiezan a tener relaciones cibernéticas o cibersexo, gastando dinero en películas y sitios porno. Para más información de este problema le recomiendo ver el vídeo *A solo un clic de distancia*, de Josh McDowell (accesible con ese mismo título en Youtube).

Con la ayuda de Dios, terapia y mucha fuerza de voluntad pueden salir adelante.

4. Drogas:

Una telaraña que atrapa. Las drogas arruinan familias, relaciones y ponen en riesgo su vida y la de otros. Hablamos no solo del consumo, sino de aquellos que se enredan en el tráfico y comercialización de estupefacientes. He tenido la oportunidad de ver hombres y mujeres que han abandonado —por la gracia de Dios, su esfuerzo y el apoyo de amigos y la familia— este flagelo y se logran recuperar familiar, social, espiritual y

---

36. De acuerdo con estudios realizados por SOSVIA, organización que creó un software llamado Saint para filtrar la pornografía en los equipos de los niños y jóvenes, el 34% de los accesos a sitios pornográficos son accidentales, existen más de 420 millones de páginas pornográficas.

financieramente. El comercio de las drogas ha penetrado en los centros educativos, las universidades, los trabajos, los parques donde suelen ir a jugar sus hijos, las esquinas de los vecindarios, los barrios más humildes y los más lujosos.

Conocí a cierta familia cuyo hijo, mientras sus padres y hermanos estaban de viaje, les saqueó la casa de sus electrodomésticos para irlos a vender a fin de poder comprar drogas. Espero que no sea su caso, pero, si lo es, o alguien de su círculo cercano sufre de esta esclavitud, busquen toda la ayuda que puedan en su congregación religiosa o en entidades especializadas.

5. Juegos de apuestas:

¡Qué historia! Recibí este mensaje de una persona que me daba a entender que quería desaparecer de este mundo, pues tenía deudas que le parecían un callejón sin salida. Acudí para conversar con esta persona y logramos ayudarle a obtener un arreglo de pago y pudo salir adelante. Cuando le pregunté cómo se había excedido en su tarjeta de crédito, me dijo: «La usé en un casino apostando, pues tenía necesidad de pagar una deuda».

Le parecerá una historia complicada, pero sucedió y, así como esta persona, muchas familias sufren problemas financieros porque él o ella tiene algún grado de adicción a las apuestas y al juego de azar. Afortunadamente logramos ayudarle y conseguir un arreglo con la entidad financiera y acompañarle para superar este terrible hábito.

El juego, como vicio, ha llevado a personas a perder sus casas, arruinar su vida entera y dejarlas en la quiebra, no solo a quien apuesta, sino a su familia. No importa si pierde, sigue y sigue. Los expertos afirman que lo peor que le puede pasar a un apostador es ganar, pues le crea un espejismo que le hace creer que si ganó una vez puede ganar más y más. Son capaces de apostar y arriesgar sus finanzas y su salario.

6. Otros efectos:

La persona adicta puede incurrir en más gastos, como en médicos, y a veces legales. En muchos casos les lleva a utilizar de forma irresponsable la tarjeta de crédito. Al verse en problemas financieros empiezan a pedir prestado, en algunos casos dinero de dudosa procedencia con riesgo de amenazas si no pagan. Les afecta porque se ven esclavizados para tomar cualquier espacio de tiempo para llenar su necesidad de adicción, perdiendo la noción de lo que deberían hacer, lo cual les puede llevar a perder el trabajo y manchar su currículum u hoja de vida.

> **La persona que es adicta no tiene adicciones, sino que «las adicciones la tienen atrapada».**

Póngase en acción:

Sea humilde e inicie un proceso de recuperación.

La persona que es adicta no tiene adicciones, sino que «las adicciones la tienen atrapada». La tienen atrapada y debe iniciar un proceso que le permita retomar el control de su vida y liberarse de las adicciones y su dominio.

Para ello le recomiendo:

- Reconocer el problema y hablarlo con uno o dos familiares cercanos.
- Identificar cuánto dinero gasta en ese vicio por mes y por año.
- Calcular qué otro buen uso podría dar al dinero que gasta en vicios.
- Buscar ayuda profesional que le guíe en el proceso.
- Perdonarse a usted mismo y evitar cargar con la culpabilidad.
- Tener un propósito que le inspire, «usted es una persona

valiosa que merece algo mejor».

– Proponerse cortar o eliminar del todo la adicción.

– Reemplazar con algo sano las ansias de buscar un vicio.

– Ponerse metas para crecer.

– Aprender cómo decir «no».

– Involucrarse en otras actividades sanas, de recreación y de la congregación religiosa a la que asiste.

– Asistir a grupos de apoyo especializados y reconocidos.

– Mantener la disciplina.

– Crecer en su espiritualidad en alguna congregación religiosa.

– Definir otro destino al dinero que utilizaba para los vicios.

– Disfrutar de su libertad y de su familia.

– Mirar hacia delante y no mirar atrás.

– Proponerse no dejarse esclavizar por nada ni nadie.

– Vivir de forma transparente, sin nada que ocultar.

PRINCIPIO DE SABIDURÍA:
¡Dominio propio!

«Pues Dios no nos ha dado un espíritu de timidez, sino de poder, de amor y de dominio propio».[37]

Tener dominio propio es algo más que autocontrol, es autodominio. Es controlar lo que pensamos, lo que nos imaginamos, lo que sentimos, lo que decimos y lo que hacemos en línea con nuestros más altos valores espirituales y morales. Lo contrario es dar rienda suelta a los deseos y a

---

37. 2Ti 1.7.

lo que sentimos sin pensar en las consecuencias, morales, espirituales y materiales. Dominio propio no tiene solo que ver con qué cosas no hacer, ver, comer o decidir, sino lo que SÍ decido y me propongo hacer. Un amigo en la universidad, cuando jugábamos a ajedrez me decía: «Javier: la mejor defensa es el ataque y, si tienes un miedo, enfréntate a él». La mejor manera de controlar lo que no debo o no me conviene hacer es haciendo lo que sí me conviene hacer. Pero sobre todo SER una persona con autodominio, y no dejarse vencer por los deseos. Por ejemplo, si una persona está pasada de peso y el médico le recomienda bajar de peso para evitar enfermedades del corazón o de la presión arterial, o la diabetes, no solo debe tener dominio propio para no comer en exceso, y no ingerir muchos carbohidratos, sino que debe tener dominio propio para alimentarse con lo que es sano, debe tener dominio propio para hacer ejercicio. En fin, el dominio propio es saber no solo decir NO, sino esforzarse por decir SÍ a lo que le conviene.

Sabiamente, el libro de Proverbios advierte: «… pues borrachos y glotones, por indolentes, acaban harapientos y en la pobreza».[38] Por ello es vital andar con personas mesuradas en sus gustos y en su estilo de vida. El apóstol Pablo le recomienda a su pupilo Timoteo que debe aprender que Dios nos puede dar el poder para dominar lo que debemos controlar, y decir NO, o sea, dominar nuestras debilidades. Pablo también le dijo a Timoteo, en su segunda carta, que Dios nos da el amor —para hacer las cosas que debemos hacer— basado en nuestras capacidades, en nuestro amor a Dios, amor a nosotros mismos y amor a nuestra familia. Y, por último, sabiendo que tenemos poder para hacer las cosas y el amor como motivación principal, es que podemos tener la capacidad de dominarnos a nosotros mismos. Na-

---

38. Pr 23.21.

die dominará por usted lo que usted sabe que debe tener bajo su control. Y Dios le promete ayudarle en esa batalla de conquistar sus debilidades y escribir una nueva historia llena de plenitud y satisfacción personal y que luego va a poder celebrar con toda su familia.

DESAFÍO:

No se dé por vencido. Tenga fe.
Si usted sueña con tener finanzas sanas, pero algún vicio lo tienen atado de manos y se consume una buena parte de sus ingresos, emprenda acciones inmediatas.

/ / /

EJERCICIOS DE EVALUACIÓN

- ¿Está usted o algún ser querido dañando su bienestar económico por los vicios?

- Evite salir con personas que le hacen gastar en ese vicio. No ceda, no caiga, tenga fuerza de voluntad.

- Lo que gasta en vicios guárdelo en un sobre durante esta semana y se sorprenderá de lo que podría ahorrar e invertir.

- ¡Busque ayuda y con la ayuda de Dios saldrá adelante!

CAPÍTULO 18

EVITANDO ACCIONES ARRIESGADAS

*«El ambicioso acarrea mal so-
bre su familia; el que aborrece
el soborno vivirá».*[39]

Salomón

H E atendido a muchas parejas que no supieron administrar los tiempos de las vacas gordas. Las personas
arriesgadas por naturaleza buscan acciones que les eleven la
adrenalina. En varios países se practica el salto al vacío con
una lona especial, desde un puente, actividad conocida como
Bongie Jumping, la cual no entra en mis deportes favoritos,
como sí lo son para mi sobrina y uno de mis cuñados. *¡Wow,
qué valientes y arriesgados!* pienso yo.

De igual manera, también hay personas muy arriesgadas en
las finanzas, solo que las implicaciones pueden ser catastrófi-
cas para la familia. De hecho, los banqueros suelen evaluar el
perfil de un inversionista para conocer si es de perfil arriesgado, los cuales suelen invertir en fondos de capital de riesgo,
pues su eslogan es: «¡A mayor riesgo, mayor ganancia!». Por
el contrario, hay muchas más personas que prefieren formar

---

39. Pr 15:27.

parte de aquellos que son más conservadores y cuidadosos de su capital.

> **Un gran error que las personas cometemos es que vemos el dinero como un fin y no como un medio para satisfacer nuestras necesidades.**

Se dice popularmente que el dinero es la fuente de muchos males. Sin embargo, el problema no es el dinero, sino el uso y valor que le doy o los medios que utilizo para conseguirlo.

El dinero es visto con la lente de las creencias de la persona, por ello es utilizado de acuerdo con los valores que esta profese. Algunas personas creen que todo lo material son medios que Dios nos da para poder satisfacer nuestras necesidades y ayudar a los demás; otras simplemente ven el dinero como una fuente de autorrealización personal, con frases como: «¡Piensa y hazte rico!».

Un gran error que las personas cometemos es que vemos el dinero como un fin y no como un medio para satisfacer nuestras necesidades. Creemos que en él está «la felicidad», y en realidad lo que sucede es que cuando logramos conseguirlo nos damos cuenta de que no alcanzamos esa felicidad, y entonces queremos más, y cuando alcanzamos la nueva meta tampoco nos sentimos satisfechos, y así se da ese desenfreno por querer tener más y más a costa de lo que sea.

Estando en un hotel en Estados Unidos, llegó por debajo de mi puerta un diario que, dentro de los reportajes, relataba la situación de cierto multimillonario de la industria de la tecnología de *software* que le dijo al *Wall Street Journal*: «El dinero hace algo realmente extraño. Te da un sentido de omnipotencia. Pero, eventualmente, te das cuenta de que eres solo una persona, y miras a tu alrededor todas las cosas que has adquirido y te preguntas: ¿Cómo vas a usar todo lo que tienes?».

¡Qué buena reflexión! Este hombre se dio cuenta de que no es omnipotente y que no podrá usar para siempre toda la riqueza que ha acumulado, y que, finalmente, morirá algún día sin siquiera haber visitado las tierras o propiedades adquiridas por él en varios países, o sin disfrutar de todo lo que el dinero le ha permitido comprar.

Hay personas que ponen su seguridad en el tamaño de la casa, o en el modelo del auto, en la posición en el trabajo o en su vecindario, en su cuenta de ahorros, en sus bienes, y nada de eso es para siempre. Y debemos recordar que tanto lo que tenemos como nosotros mismos algún día dejará de existir, y lo que hemos acumulado, como dijo Jesús, ¿de quién será?

Debemos ser concientes de que todos podemos caer en la ambición de una u otra forma. Podemos ser ambiciosos cuando, teniendo suficiente ropa, queremos más. Ese deseo de querer más le puede llevar a un estilo de vida más allá de sus capacidades. Entonces, para tener más, hay que ganar más, lo cual lleva a más trabajo o buscar nuevos negocios. Y, en algunos casos, esa ambición desmedida puede llevar a las personas a endeudarse innecesariamente. Una de las implicaciones de la ambición es querer gastar más y más, lo cual produce que las personas no ahorren, sino que despilfarren su dinero. Cuando hay ambición, hay deseos de tener más en lugar de gratitud.

Esas presiones que las personas se crean o que permiten que los demás les impongan, llevan a muchas de ellas a tomar decisiones equivocadas que afectan su estado de ánimo, sus finanzas, su salud y su vida familiar y social.

Fuentes de crisis financiera

Existen tres fuentes de crisis financiera que podemos eventualmente enfrentar:

a) Razones internas.

b) Razones externas.

c) Una combinación de las dos anteriores.

Las **razones internas** de una crisis tienen que ver con decisiones que YO tomo. Se relaciona con lo que expresamos anteriormente, es decir, afán de enriquecerse, dejarse llevar por los impulsos y tomar decisiones por emociones, falta de planificación y asesoría, exceso de confianza y riesgos no previstos. Esto hace que las personas tomen decisiones erradas que los llevan a gastar más de lo que ganan, endeudarse sin necesidad o sobreendeudarse, caer en un descontrol y hasta con riesgo de entrar en negocios «ilícitos» para obtener más dinero.

Las **razones externas** de una crisis tienen que ver con eventos externos ajenos a su control que le afectan directamente. Por ejemplo, desastres naturales, incendios, deterioro de la economía del país, inestabilidad política, pérdida del empleo, un accidente, una separación o divorcio, pérdida de un ser querido, o un robo o asalto. Usualmente son imprevistas y no tenemos control sobre ellas.

La **combinación de razones internas y externas** se da cuando, por ejemplo, sube mucho la tasa de interés de un préstamo y estrangula nuestra capacidad de pago. En este caso, somos corresponsables de la crisis, por no haber hecho el ejercicio de «qué pasa si sube la tasa y por ende la mensualidad» antes de firmar el contrato. O bien, el no contar con un fondo de emergencia también puede crear crisis, pues, cuando se presenta un imprevisto o emergencia, la persona recurre a la deuda. Otro ejemplo es hacer inversiones riesgosas que luego me lleven a perder el capital por no asesorarme antes de asumir más riesgo del recomendado.

¿Cómo se reacciona ante la crisis financiera?

Hay que entender que las personas tenemos diferentes tipos de personalidad que pueden, de alguna manera, determinar cómo reaccionamos ante las presiones. Cada quien debe «conocerse a sí mismo» para controlar y tener dominio sobre sus emociones. Por ejemplo, hay personas que bajo estrés pueden reaccionar de las siguientes maneras no apropiadas, que me permito ilustrar:

- *«Congelados»*. Se quedan paralizados y no hacen nada, y el estrés les deja atónitos, sin respiración y sin saber qué hacer.

- *«Boxeadores»*. Agresivos en sus palabras y acciones, tales como tirar la puerta, alzar la voz, proferir improperios. Lo cual también pueden haber aprendido en sus hogares de origen.

- *«Avestruces»*. Se esconden físicamente o en sus emociones, aunque se sienten tristes y se cierran a compartir la situación, en una especie de escapismo emocional, especialmente si su visión del dinero es proveer para el hogar, lo cual les causa desánimo.

- *«Islas»*. Se aíslan de las personas en su cuarto, no van a actividades sociales, se sumergen en la tele o la música, no desean tocar el tema y, a veces, pueden aislarse físicamente.

- *«Sarcásticos»*. Hacen burla y atacan con sus palabras en forma de broma a seres queridos o amistades que sí prosperan y son responsables, especialmente si para ellos el dinero es fuente de poder e imagen.

- *«Expertos»*. Los que creen que esto lo resuelven de X forma y no consultan a nadie. Su frase es: «Yo sé lo que tengo que hacer. A mí nadie va a venir a decirme qué hacer». Luego se lamentan, se meten en más deudas y cavan más hondo.

- *«Misteriosos»*. Son un puro misterio, nadie sabe dónde andan ni con quién, son una bomba de tiempo. Sus cónyuges ignoran lo que hacen, llegan tarde, no dan cuentas.

- *«Pobrecitos»*. Son los que caen en depresión diciendo: «Soy un miserable, no merezco vivir...». Cuidado con este perfil, pues bajo estrés pueden optar por comportamientos suicidas. Nunca subestime si amenaza con querer desaparecer. Recuerdo a una mujer que, angustiada por sus problemas financieros, me dijo: «Yo tengo la salida, pues tengo seguro de vida y si algo me pasa las deudas se cancelan y no le dejo problemas a mi familia». «¡Cuidado! —le dije—. Pues el dolor que va dejar a su familia será mayor que el de cualquier deuda».

– *«Arriesgados»*. Son personas que se meten en terrenos peligrosos, como drogas, delincuencia, robo, cometer dolo, matar para obtener herencias o dinero, entrar en préstamos o negocios de dudosa procedencia que luego los amenazan, con gente que ni conocen. Salir de ese círculo no es fácil, además de que las tasas de interés que les cobran pueden llegar hasta el 200% anual.

– *«Escapistas»*. Son las personas que, para olvidarse del problema financiero, empiezan a beber en exceso o a consumir drogas, o pastillas para dormir, a irse de fiesta, a buscar una relación amorosa extramarital, o a caer en la promiscuidad sexual o algún otro vicio.

> **Cada quien debe «conocerse a sí mismo» para controlar y tener dominio sobre sus emociones.**

Cada uno de nosotros tiene un nivel de «elasticidad» que le permite estirarse hasta donde sus emociones se lo permitan. Eso también se conoce como «resiliencia», que hemos mencionado anteriormente, la capacidad de asimilar o amortiguar los golpes de las crisis. Cada cual debe reconocer cuándo ya está a punto de romper su nivel de tolerancia emocional.

Acciones claves para bajar el estrés:

– Detectar cómo estoy reaccionando ante la crisis.

– Asumir mi responsabilidad en la situación, no culpar a nadie.

– Hablar: abrirse con alguien que le puede ayudar, en casa, en el trabajo, en el banco o la iglesia.

- Buscar ayuda técnica y profesional, y evitar malos consejos.
- Buscar ayuda emocional, si su nivel de depresión está alcanzando niveles inmanejables.
- Buscar ayuda espiritual, para que le dé aliento y fe.
- Acatar las recomendaciones y no abandonar el tratamiento, pues muchas veces las personas lo inician y luego lo abandonan.
- Analizar sus gastos y reducir los innecesarios.
- Dar pasos para corregir su situación emocional y financiera.

Hay dos manifestaciones al enfrentar una crisis financiera:

· *a) Mochila de la culpabilidad:* que profundiza el desánimo. Esto crea sentimientos de culpa y pueden producir depresión. Lo que Kinicki[40] llama *locus interno*, donde la persona se atribuye el éxito o fracaso a sí mismo. Hay que tener cuidado con esos pensamientos de «por mi culpa, soy un tonto». Ya que una cosa es reconocer la responsabilidad y otra es vivir cargando una mochila llena de acusaciones internas que no ayudan, sino que más bien nos frenan para actuar.

b) Señalar a otros, con lo cual no asume su responsabilidad o contribución a la crisis. Conocido por Kinicki como *locus externo*, es decir, «los demás tienen la culpa de lo que me sucede», «es que si ellos me hubieran ayudado», «es que la culpa es de los bancos que te ofrecen y ofrecen tarjetas de crédito», o como me dijo un joven que se divorció en menos de un año y quedó endeudado: «Es que ella me pedía y me pedía comprarle cosas y llevar un alto estilo de vida». Debemos aprender a asumir nuestra contribución a la crisis.

---

40. Robert Kreitner, Angelo Kinicki, *Comportamiento Organizacional* (México: McGraw-Hill, 2003).

¿Es conveniente asumir deudas de otras personas?

Quisiera compartir una de las acciones más riesgosas y que es muy común en nuestro medio dadas las limitaciones financieras que tienen las personas y las familias: *endeudarse a nombre de otros.*

Cuando ponemos nuestro nombre para pedir dinero a un banco o entidad financiera para un familiar o amigo, estamos asumiendo el 100% del riesgo de que esa persona no pueda pagar. Lo que en realidad usted hace es firmar diciendo: «Si él o ella no paga, YO PAGO».

Cierta señora me contó la experiencia de su esposo, que salió de fiador de un compañero de trabajo, quien luego renunció y dejó de pagar la deuda. Su esposo no pudo localizarlo y le terminaron cobrando la deuda de ese compañero, le embargaron su casa, lo despidieron y casi destruyó su matrimonio y familia por una «inocente» fianza. Por favor, no sea ingenuo, si usted fía a alguien, haga previsiones en su presupuesto por si esa persona no paga.

Aunque la deuda, en la mayoría de los casos, saca a mucha gente de emergencias económicas inmediatas, es también cierto que puede hundir económicamente a la persona que se endeuda «por otros» ignorando las consecuencias de atrasarse en los pagos.

Si usted está por asumir las deudas de otras personas, o ya tiene préstamos de seres queridos y amigos, no deje que esas deudas le quiten el sueño. Permítame conversar sobre los riesgos y cuidados a tener antes o después de asumir deudas por otras personas.

En el siguiente cuadro menciono cuándo talvez usted podría considerar con su cónyuge asumir la deuda de otra persona y cuándo no lo recomiendo en absoluto. Véalo en la página siguiente.

Cuándo *talvez* y cuándo *nunca* asumir deudas por otros

TALVEZ	NUNCA
- Talvez, si se trata de un ser amado, como sus padres, solo para un propósito noble como una vivienda.	- Nunca, si usted no puede pagar en caso de que la otra persona no pague.
- Talvez, si el préstamo queda respaldado por una garantía prendaria o hipotecaria que responda, y por la fianza solidaria del beneficiario, y usted queda eventualmente con el activo para responder.	- Nunca, si la otra persona no es responsable con su familia ni sus finanzas.
- Talvez, si la otra persona tiene solvencia y es estable, y le firma una garantía a usted por si no paga.	- Nunca, si puede limitar su disponibilidad de crédito o finanzas familiares para sus proyectos futuros.
- Talvez, si usted está dispuesto a asumir la deuda en caso de que la persona no pueda pagar.	- Nunca, si las condiciones del crédito son «riesgosas».
Toda decisión debe ser acordada en familia.	

Los *talvez* suenan loables, pero tienen sus riesgos. Sin embargo, el problema de solicitar un préstamo a su nombre —el cual en realidad es para otra persona— es que está incurriendo, en alguna medida, en una mentira «legal». Si usted no es claro con el banco en cuanto a que esa persona, y no usted, es quien lo va a pagar, y que el dinero, es decir, el plan de inversión de la deuda, no es para usted, sino de otra persona, legalmente usted incurre en *riesgo moral*.

Recuerde que uno nunca sabe lo que va suceder el día de mañana. Ni usted ni la otra persona saben con certidumbre si podrán pagar sus deudas. Si tiene cuidado se librará de muchos dolores de cabeza y preocupaciones innecesarias.

> **Recuerde que uno nunca sabe lo que va suceder el día de mañana.**

Riesgos principales

#1. Que la otra persona simplemente decida no pagar o no pueda hacerlo.

#2. Que la otra persona fallezca o quede inhabilitada para trabajar.

#3. Que la otra persona atraviese una crisis económica.

#4. Que la otra persona vea reducidos sus ingresos.

Implicaciones principales

– Pregúntese: «Si la otra persona no puede pagar, ¿yo podría?».

– ¿Estoy poniendo en riesgo los bienes de mi familia al tomar esta decisión?

– ¿Me están solicitando asumir una deuda de cinco años o más?

– ¿Puedo poner en riesgo mi amistad o relación familiar en caso de que algo no salga bien?

¿Y si ya estoy pagando deudas de otras personas?

En caso de que usted esté en el peor escenario, es decir, solicitó el préstamo para otra persona, o salió de fiador, y esa persona no pagó, y ahora usted tuvo que asumir los pagos, es importante ver la posibilidad de que la otra persona pague.

Si eso sucede con un bien material, recuerde que al estar a su nombre la propiedad, si fuera el caso, usted puede negociar quedarse con ese bien para disponer de él, sea para venderlo y pagar la deuda, o bien verlo como una inversión y después recuperar la misma vendiéndolo.

Si las deudas de otros lo están asfixiando y no ve la manera de eliminarlas, sea porque ha perdido el trabajo o ha tenido otras prioridades de pago o emergencias, tome medidas radicales en su presupuesto, baje gastos, readecue la deuda con el banco o pásela a mejores condiciones y busque ayuda.

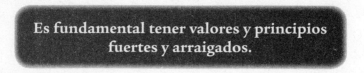

Es fundamental tener valores y principios fuertes y arraigados.

¿Qué hacer para reducir el riesgo?

- *Tener visión de futuro y definir,* de forma adecuada, el lugar que le doy al dinero. Saber que en el dinero no voy a encontrar la felicidad, ya que la felicidad no es un fin, sino el disfrute y contentamiento de mi diario vivir.

- *Tener claro el estilo de vida que desea:* un proyecto de vida con su pareja y familia. Pero estilo de vida no se refiere solo a lo material, sino a la salud, vida de familia, trabajo y vida espiritual.

- *Cuidar el ambiente en el que se desenvuelve,* ya que la presión «social o laboral» puede ser muy fuerte y llevarle a tomar decisiones erradas, si no tiene valores firmes.

- *Tener valores.* En relación con lo anterior, es fundamental tener valores y principios fuertes y arraigados, que sean inconmovibles a pesar de las circunstancias y el ambiente.

- *Ponerse límites.* El uso del dinero debe ser planeado y moderado y gastar en la medida de nuestras necesidades e ingresos. Aprenda a no desperdiciar el dinero que tanto trabajo le ha costado ganar.

- *Aléjese* de sitios o personas que le tientan a tomar malas decisiones.

– **Si ya tiene deudas de otros,** controle cómo va pagando la persona y, si puede, trate de hacer una novación (cambio) de deudor.

– **Tener cautela.** En la medida de lo posible evite solicitar deudas a nombre de otras personas.

– **Vigilar.** Si ya decidió solicitar una deuda a nombre de otro, controle cómo esa persona está pagando, y, si puede, que le pase copia de los recibos. Además, de ser posible, pídale una garantía en caso de que no pueda pagar.

– **Prevenir.** Si en algún momento siente un alto riesgo en esa decisión de haber solicitado un préstamo por otra persona, busque la forma de hacer una novación de deudor, o de tener algo que esa persona le ponga legalmente en garantía en caso de no honrar su deuda.

– *No se exponga a endeudarse* innecesariamente para ayudar a una persona a comprar un capricho como un televisor, un teléfono o hacer un viaje. Conocí a cierto joven que me dijo: «Pedí un préstamo para que mi compañera de trabajo comprara un celular y luego ella no pagó y me quedó a mí la deuda, y ella simplemente me dijo que no podía pagar». Evite endeudarse por otros, especialmente por cosas innecesarias y, lo que es mejor aún, trate de eliminar esas deudas.

Principio de sabiduría:
¡No te obsesiones!

«No te afanes acumulando riquezas; no te obsesiones con ellas. ¿Acaso has podido verlas? ¡No existen! Es como si les salieran alas, pues se van volando como las águilas».[41]

---

41. Pr 23.4-5.

Este es uno de los Proverbios que se relacionan con la templanza o carácter de una persona. En este pasaje de las Escrituras, Salomón, un hombre que había alcanzado las riquezas, el poder y la fama, expone que no nos afanemos por acumular riquezas. Y va más allá al decir que no debemos obsesionarnos con ellas, como cuando uno dice: «¡Lo quiero, lo quiero y lo quiero!» y hace un berrinche interno por la obsesión de tener algo, sin importar el medio.

Algunos se obsesionan con un auto, otros con una mansión, otros con viajar, otros con joyas; en fin, cada uno sabe qué tiende a crearle cierto grado de obsesión. Salomón nos aclara que las riquezas en sí mismas no son nada y que vuelan como las águilas, una de las aves que puede volar más alto. Es decir, las riquezas pueden estar hoy y luego no.

La modestia es prima hermana de la humildad, ya que es la capacidad de tener una actitud humilde a pesar de la abundancia que uno pueda tener. También se expresa cuando una persona entiende que en la vida hay que tener límites y sabe cuándo detenerse. Eclesiastés 5.10 lo expresa de la siguiente manera: «Quien ama el dinero, de dinero no se sacia. Quien ama las riquezas nunca tiene suficiente».

Como vemos, el problema está en amar el dinero, pues le puede llevar a una carrera desenfrenada por hacerse rico. La persona con excesiva ambición tiende a querer más y más y más, no se sacia. De ahí la importancia de que las familias eviten situaciones de riesgo, y que los cónyuges busquen consejo con su pareja para no arriesgar su futuro ni la paz en el hogar. Si ya están pasando una crisis juntos deben apoyarse para superarla.

DESAFÍO:

- No pierda su independencia financiera.
- No se esclavice innecesariamente.
- ¡Busque la paz y sígala! No sacrifique su bienestar personal o familiar por culpa de las deudas.

EJERCICIOS DE EVALUACIÓN

- ¿Estoy caminando por terreno peligroso en mis finanzas?

- ¿Estoy exponiéndome a una crisis por pedir un préstamo a nombre de otros?

- ¿Qué pasos voy a dar esta semana para mejorar mi situación?

- Si están pensando solicitar un préstamo para otra persona, haga números para ver si usted podría pagar si esa persona no paga la cuota mensual.

PARTE 5

¡MIRA, NO LO HABÍA PENSADO!

Capítulo 19

Los *Hobbies* y pasatiempos.

¿Puedo disfrutarlos con mis ingresos?

> «Se necesita poseer un espíritu fuerte
> para conservar la moderación cuan-
> do todo nos va bien».
>
> **Séneca**

Cuando les hemos pedido a las personas que analicen sus gastos, surge siempre el tema de los pasatiempos, y cuando están con limitaciones financieras no pueden disfrutar como desean, salvo que se organicen y busquen divertirse de acuerdo con su presupuesto.

Todos tenemos algún tipo de pasatiempo o afición para divertirnos o pasar un buen momento. Algunos lo conocen por su palabra en inglés, *hobby*. El pasatiempo es sano y una muy buena terapia para la familia.

Mitos acerca de la diversión:

Más caras, mejores vacaciones... Existe el mito de que cuanto más caras las vacaciones en familia son mejores. Muchos buscan el lujo o el costo y lo relacionan con la calidad de la diversión. No se puede negar que los hoteles más costosos tienen más facilidades, pero no necesariamente debemos asociar el monto invertido en las vacaciones con las vacaciones soñadas.

Más lejos, más lindas vacaciones... Otro mito es que cuanto más lejos vamos de viajes, dentro y fuera del país, es mejor. Lo cual tampoco es así. Si bien es cierto que hay lugares bellos en sitios retirados, también es cierto que hay sitios cercanos donde se puede pasar muy bien.

Todos coincidimos en que los pasatiempos nos dan muchas alegrías y, en su mayoría, son muy saludables, pero también pueden convertirse en un problema. El problema de los *hobbies* no es gastar en ellos, sino en los excesos.

Sin embargo, los pasatiempos son lo último que una persona quiere reducir cuando se ve en la necesidad de recortar gastos. El problema radica en que muchos de nosotros no sentimos la necesidad de llevar un control de cuánto los pasatiempos inciden en nuestro presupuesto.

> Algunas esposas o esposos se quejan de que sus cónyuges gastan excesivamente en sus pasatiempos y descuidan la economía familiar actual.

¿Qué hacer?

1. Identifique sus pasatiempos y *hobbies* principales y calcule cuánto dinero y tiempo usted invierte en ellos.

Tome tiempo hoy y analice cuáles son los gastos más importantes en *hobbies*, para ver el impacto total en su salario. Revíselos y piense: ¿estoy invirtiendo suficiente en diversión sana y mis pasatiempos? O ¿estoy gastando en exceso en pasatiempos y descuidando otros gastos?

¿Estoy invirtiendo suficiente tiempo de familia y dinero en diversión sana y mis pasatiempos? Si la respuesta es NO, entonces hay que revisar en qué están invirtiendo el dinero. ¿Será que hay gastos innecesarios que se podrían reducir para invertir más en diversión y pasatiempos? ¿Será que podemos buscar formas de diversión sin necesidad de gastar? ¿Habrá posibilidad de ahorrar a fin de que podamos tener un paseo familiar fuera de la capital cada seis meses? ¿Habrá formas de divertirse en casa o cerca de ella durante los fines de semana?

Si la respuesta es sí, le felicito por tener balance en su familia. A partir de esta realidad, la segunda pregunta es:

¿Estoy gastando en exceso en pasatiempos y descuidando otros gastos? Si la respuesta es SÍ, deben hacer una valoración de su plan de gastos y sus hábitos de diversión. Por ejemplo, si usted tiene el hábito de comprar una película cada mes, pregúntese: ¿se vería su familia muy afectada si comprara solo una película cada tres meses y luego cada seis? O ¿saldría más económico afiliarse a un club de películas por Internet que le permite acceso a más películas a menor costo? Veamos dos grupos de pasatiempos, unos más caros que otros.

Tipos de pasatiempos:

a) Pasatiempos POCO costosos.

Desde luego, hay pasatiempos y formas de pasarlo bien sin gastar mucho dinero. En esta categoría podemos incluir la lectura, fotografía, jardinería, repostería, hacer deporte al aire libre (como jugar al fútbol, béisbol, etc.), visitar pueblos, ir a la montaña, ver películas, tejer, ir a nadar, hacer manualidades, ir de *camping*, hacer escultura, pintura, dibujo, tocar la guitarra o la flauta, ir al estadio a ver un partido de su equipo favorito, hacer bisutería, entre otros.

b) Pasatiempos MÁS costosos.

En este grupo podemos incluir a los coleccionistas de billetes y monedas, de antigüedades, de arte, ciclismo de montaña, pesca, jugar al tenis, reparar y coleccionar autos, comprar herramientas, videojuegos, tener plantas exóticas, asistir a conciertos de famosos o grandes espectáculos, practicar la equitación, jugar al polo, aprender idiomas, ser chef, hacer motocross, esquiar, o hacer surf, entre otros.

Debe revisar en cuál de ambas categorías suelen usted y su familia invertir el tiempo y su dinero.

> Desde luego, hay pasatiempos y formas de pasarlo bien sin gastar mucho dinero.

2. Puede conseguir que sus aficiones le proporcionen ingresos, promocionándolas y mejorándolas.

Vale señalar que los pasatiempos pueden servirle no solo para relajarse, sino para generar ingresos. Identifique algo que sepa y le guste hacer y por lo que la gente estaría dispuesta a pagar. Como, por ejemplo, comprar y vender artículos antiguos de colección.

No importa lo que haga, puede ganar dinero con ello. No estoy diciendo que se vaya a hacer rico tocando el violín en las bodas, o tejiendo cestas, pero ganar dinero con sus aficiones es una forma muy agradable de que le paguen por hacer algo que va a hacer de todas formas.

3. No permita que su afición se convierta en adicción y que le ponga zancadillas a sus gastos prioritarios.

Mi padre suele decir que todo exceso es malo. Entendamos por exceso cuando usted se decide a pagar lo que sea para obtener lo que quiere. La clave es identificar aquellos *hobbies* que puede recortar o reducir poco a poco mientras sigue siendo feliz, evitando así que sus pasatiempos desequilibren sus finanzas.

Le animo a que se organice para aprovechar y complacerse con sus pasatiempos y momentos de diversión. ¡Disfrútelo!

4. ¡No salte de un *hobby* a otro!

Hay personas inconstantes, que inician un pasatiempo, hacen todos los gastos y después lo abandonan y adoptan otro. Si se decide por un pasatiempo, ¡céntrese en él!

Muchos dicen a su cónyuge: «¡Compremos bicicletas para salir juntos los fines de semana!». ¡Luego de tres meses ya no tienen más interés! ¡Se les pasó la fiebre! También he escuchado historias de familias que cuentan de esa bicicleta estacionaria, que originalmente se compró para hacer ejercicio y que termina como un lugar para colgar ropa.

5. Presupueste formas económicas de divertirse.

Recuerdo cómo mi padre y madre nos llevaban a mis hermanos y a mí de paseo a la montaña en el oeste de la capital, y llevábamos una cesta con comida. Hoy en día yo hago lo mismo con mis hijos y lo pasamos de maravilla. Eche mano de la creatividad para pasarlo bien con su familia, especialmente en los tiempos libres.

Principio de sabiduría:
¡Compartir con amor!

«Más vale comer verduras sazonadas con amor que un festín de carne sazonada con odio».[42]

De nuevo el libro de los Proverbios nos trae una enseñanza acerca de la importancia de disfrutar en medio de la sencillez. Lo ilustra con uno de los mitos que mencionamos al inicio de este capítulo, donde dijimos que no necesariamente más caro es mejor. El escritor de Proverbios nos hace ver que la actitud, el ambiente y la armonía son lo que cuenta en las familias en el momento de compartir. Dice que, por más festín de carnes que tengamos, si no hay amor, de nada vale.

Esto no quiere decir que no podamos disfrutar las bendiciones de Dios en buenos viajes, cuando hemos ahorrado para un viaje lejano, o para organizar o salir a comer una buena cena. Lo que dice este pensamiento es que la actitud y el amor que pongamos en el momento de divertirnos o disfrutar de algún pasatiempo juntos es lo que cuenta, y no el dinero invertido en el mismo.

Desafío:

- Analice si sus pasatiempos o aficiones le están afectando financieramente e inicie ajustes graduales.
- Si tiene un *hobby* que le puede generar ingresos, explore la posibilidad de sacarle ganancias.

---

42. Pr 15.17.

/ / /

EJERCICIOS DE EVALUACIÓN

- ¿Con qué actitud disfrutan en su familia?

- Si es de los que saltan de un *hobby* a otro, venda lo que no usa y utilice el dinero para cubrir sus necesidades o centrarse en su pasatiempo preferido.

- Evalúe con su cónyuge si están dedicando el tiempo y dinero apropiados a la diversión familiar.

Capítulo 20

S.O.S. ¡Ayuda a mi negocio familiar!

«Un emprendedor ve oportunidades allá donde otros solo ven problemas».

Michael Gerber

Mi padre y mi madre siempre fueron emprendedores. Yo pude verles desarrollando el negocio de transporte con esos grandes camiones, luego les recuerdo cuando tuvimos un pequeño almacén de alimentos llamado La Favorita, cuando tuvimos un pequeño taller para fabricar muebles, cuando vendimos frutas y verduras, cuando comercializamos muebles... En fin, tuvimos una variedad de negocios en los que toda la familia nos involucramos comprando, vendiendo, tratando con clientes y ayudando en la administración del mismo.

Todos sueñan con su negocio propio. Sin embargo, siempre surgen momentos en que no sabemos cómo organizarnos y separar lo que es del negocio y lo que es de la casa, y pueden surgir conflictos financiero-familiares.

Tome nota de algunos consejos que pueden hacer su relación familiar más llevadera mientras crece su negocio:[43]

---

43. Asumimos que quienes tienen un negocio familiar están en orden con lo

1. Disciplina financiera.

a) Separe las cuentas del negocio y las de la familia: un proceso normal que siguen las familias es que toman para sus gastos familiares de los ingresos del negocio y no se asignan un salario que se clasifique como gasto del negocio. Esta práctica hace que muchas veces se «ordeñen» las finanzas del negocio.

Forma acostumbrada NO RECOMENDADA

Hay que asignarse un salario del negocio para quienes trabajan y ver quiénes más bien son voluntarios.

que exige la ley en cuanto a formalización de su estatus como micro, mediana o gran empresa, y que tienen claros los permisos de salud, rendición de cuentas de impuestos, entre otros, para operar.

Forma RECOMENDADA

Bajo este esquema recomendado, el salario de los dueños y de la familia debe salir y registrarse como un gasto del negocio, y entrar como un ingreso de la familia. Inicialmente, lo recomendado es que se calcule cuánto puede pagar el negocio a la familia o dueño, y se hace el presupuesto familiar para ver si el monto es muy alto o es muy bajo. Y como en un péndulo, la idea es que se ajuste al monto que la familia necesita para funcionar y que sea viable para el negocio. Tanto el negocio como la familia deben tener sus propios ahorros. Al final, al restar los gastos y los ahorros a los ingresos nos daremos cuenta de si quedamos en positivo o negativo.

RECOMENDACIÓN

b) Quien dirige debe tener una visión clara del negocio y trabajar en equipo: la familia debe estar de acuerdo en el tipo de negocio que planea desarrollar y trabajar unida de acuerdo con sus valores y capacidades de cada uno. Es recomendable hacer un estudio o sondeo para asegurar que el negocio tiene potencial y oportunidad de crecer, sea por el tipo de producto que se va a ofrecer, sea por el lugar donde se ubica, sea por la originalidad del servicio. Así, no pierde el dinero, cae en deudas innecesarias ni desperdicia los ahorros de la familia.

c) *La familia debe llevar un presupuesto de gastos separado de las cuentas del negocio:* tal y como lo muestra la figura anterior, pueden incluso dividirse las tareas, donde uno de los miembros de la familia lleva las cuentas del negocio y otro las de la casa.

d) *Debemos tener cuentas bancarias separadas para el negocio y la casa.* Es lo más recomendable para no correr el riesgo de sacar dinero reservado para los gastos y compras del negocio y usarlo en gastos personales o de la familia.

e) *Debe llevarse un control de ingresos y gastos del negocio bien ordenados.* El orden es fundamental. Todo ingreso se debe registrar. La familia o el líder del negocio deben saber semana a semana cuántos son los ingresos. De igual manera deben registrarse y guardarse todos los comprobantes de venta.

> **Tanto el negocio como la familia deben tener sus propios ahorros.**

2. No mezcle las deudas del negocio con las deudas personales o de la familia.

Lleve un registro separado de las deudas suyas o de la familia y de las deudas para invertir en el negocio. Mientras asesoraba a una cadena de tiendas exitosas en todo un país, descubrimos que los dueños solían comprar sus importaciones con sus tarjetas de crédito personales, con sumas muy altas. Desde luego se le recomendó que separara las deudas del negocio, ya que este debe ser autosostenible para cubrir sus compromisos financieros.

Lo recomendado es que los pagos de las deudas del negocio deben salir del mismo. Si usted decide aportar su dinero y ahorros familiares en el negocio, véalo como una inversión suya de capital, como un préstamo que el negocio le va a reponer en su momento.

No comprometa las finanzas del negocio en un proyecto familiar. He compartido con parejas que contrajeron deudas con la información del negocio para comprar autos costosos, construir una casa de lujo o irse de viaje. Se supone que cuando se asume esa deuda es porque, de alguna manera, va a retribuir y ser rentable para recuperar la inversión. Pero, cuando se usa la deuda del negocio para gastarla en un lujo familiar, se expone a descapitalizar su negocio, ya que ese gasto en la familia no le va a generar ningún beneficio al negocio. Lo ideal es que de los ahorros familiares salga cualquier gasto de diversión.

3. Todos pueden colaborar con un rol, pero no más de dos personas deben controlar el dinero.

a) No es conveniente que «muchas manos» controlen el dinero. Una o dos personas deben llevar el control del dinero y rendir cuentas a la familia. El dinero no debe pasar por muchas manos, para evitar lo que dice el refrán, que «de mano en mano se perdió un elefante». Cada semana deben controlar los ingresos, los gastos, los inventarios, las cuentas por cobrar, los pagos pendientes, lo que se conoce como «flujo de efectivo».

b) Tomen tiempo especial para rendir cuentas del negocio dependiendo del rol asignado. Aquí quiero recomendar que, como familia, definan unos dos días y unas horas para hablar del negocio. Podría ser los lunes temprano para planear la semana y los sábados para evaluarla. De lo contrario, puede llegar a ser fastidioso para los hijos que, cada vez que están juntos papá o mamá solo hablan del negocio. Aprenda a separar ese tiempo.

c) Debe haber reportes mensuales a la familia de cómo va el negocio. De esta manera, la familia puede apoyar al logro de las metas, hacer correcciones y definir juntos nuevas estrategias.

4. *Si hay que invertir para crecer,* debe haber un consenso en la decisión.

En un negocio familiar, el diálogo y acuerdos de familia son claves y debe, de alguna manera, abrir espacio a la opinión de cada uno de los miembros, lo cual, a la vez, les va a ir facultando para asumir más responsabilidades. Decidir juntos cuando lo que está en juego es la salud financiera de la familia es lo más sano.

5. *Establezca y autoimpóngase límites:* hágale ver a su familia que ellos son una prioridad para usted. Muchos luchamos con este tema, a veces creemos que, si no resolvemos un asunto hoy, no se va resolver.

Recuerde: siempre habrá llamadas que devolver, correos que contestar, reuniones que atender, clientes a quienes llamar, viajes que hacer y otros asuntos laborales que, si se quiere, podrían reprogramarse, pero el tiempo con sus hijos y su familia, y su presencia con ellos no se van a reprogramar nunca. Fije días de descanso y vacaciones, y no los postergue.

Principio de sabiduría:
¡Disfruta lo que haces!

«Lo que ganes con tus manos, eso comerás; gozarás de dicha y prosperidad».[44]

Este es un pasaje muy motivador, pues nos anima como familias a comer de lo que ganamos con nuestras manos, es decir, con nuestros talentos y recursos. Dios nos ha dado la capacidad necesaria para sacar adelante el negocio que él ponga en nuestras manos. Habla de honradez, es decir, no es un «dinero fácil», o «mal habido», sino el fruto de nuestro trabajo, sudor de nuestra frente, entrega de nuestras fuerzas, lo que hace que podamos suplir nuestras necesidades.

Está claro, en las estadísticas, que hay más pequeñas y medianas empresas alrededor del mundo que generan autoempleo que lo que hacen las grandes corporaciones. La razón es simple. La gente descubre que tiene imaginación, ideas y busca la forma de llevar el sustento al hogar, sea haciendo pasteles, o emparedados, o ensaladas de fruta, o comprando y vendiendo. Y en la era del conocimiento, muchos comparten su saber y experiencias para ayudar y motivar, o dar consultoría a otros, lo cual les aporta un medio de vida. Y lo más hermoso es que quienes así lo hacen y se esfuerzan gozan de dicha y prosperidad.

Desafío:

Llegar a un acuerdo de disciplina financiera entre el negocio y la familia.

---

44. Sal 128.2.

/ / /

EJERCICIOS DE EVALUACIÓN

- Revisar y separar cuentas y deudas bancarias.

- Revisar y separar presupuestos.

- Asignarse un salario del negocio.

- Identificar juntos estrategias de consolidación para crecer.

Capítulo 21

Fidelidad es sinónimo de equilibrio financiero

«Se puede engañar a todos poco tiempo, se puede engañar a algunos todo el tiempo, pero no se puede engañar a todos todo el tiempo».

Abraham Lincoln

¿Puede la infidelidad destruir sus finanzas y las de una familia? Claro que sí. Por ello, quiero dedicar este capítulo al tema de la importancia de la fidelidad matrimonial, en un mundo donde hay cada vez más divorcios y cuya infidelidad afecta las finanzas de las familias.

Mientras atendía a una mujer cuyo marido dejó su hogar para ir en pos de una aventura, él terminó no solo lastimando el corazón de sus hijos y de su esposa, sino abriendo la puerta para que las finanzas se vieran afectadas tanto para ella como para su familia.

Alguien me preguntaba: «¿Será que los hombres o las mujeres se transforman de repente ante quienes les prometieron estar siempre a su lado, tanto en la salud como en la enfermedad y en la pobreza como la riqueza?». A pesar de esta promesa de amor leal, algunas parejas llegan a un punto en el que se separan y, a causa de esa división, quedan cuentas sin pagar, ya que en la confianza inicial del matrimonio asumieron deudas conjuntamente que después quedan pendientes.

En ocasiones pareciera que algunas personas piensan que cuando un amor es verdadero y hay de por medio un **compromiso sólido** como el matrimonio, todo se perdona y no existe cosa alguna que lo ponga en peligro. Sin embargo, aunque así se espera que sea, la realidad no es así. Diversos estudios demuestran que el nivel de satisfacción entre las parejas ha decrecido. Lamentablemente, no son muchas las parejas que, en medio de la adversidad, deciden darse otra oportunidad para restaurar su relación y lo logran obteniendo una relación sólida y vibrante; muchos de esos matrimonios son un verdadero milagro de Dios.

> Debemos entender que nadie está vacunado o puede decir que es inmune a las tentaciones.

Intentar averiguar si los hombres y las mujeres nos comportamos de distinta manera cuando afrontamos una infidelidad y si las mujeres tienen distintas razones o motivos que las llevan a ser infieles, no justifica de forma alguna la infidelidad. No hay ningún motivo para quebrar la confianza otorgada, ya que se está traicionando una promesa. Por lo tanto, no hay razón justificable para entender o justificar la infidelidad.[45] Hoy en día la infidelidad es una realidad en aumento, tanto en hombres como en mujeres de nuestra sociedad.

Todas las personas en algún momento de sus vidas son tentadas a ser infieles. Debemos entender que nadie está vacunado o puede decir que es inmune a las tentaciones. Los motivos son diversos, sin embargo, sea cual fuere la «excusa», la infi-

---

45. http://www.cosasdemujer.es/¿por-que-somos-infieles-mujeres/ (accesible julio 2013).

delidad puede destruir también la vida financiera de una persona, afectar su vida laboral, el futuro de sus hijos y, en otros casos, llevar al fracaso los negocios familiares.

Este espacio tiene la intención de advertir de los peligros financieros que la infidelidad conyugal puede traer a su vida y la de sus seres queridos.

¿Cómo puede la infidelidad afectar sus finanzas?

La infidelidad no solo afecta su vida interior, su familia y su relación de pareja, ya que sus finanzas pueden sufrir a causa de tener una aventura amorosa, lo cual se puede manifestar de diferentes formas:

- *Falta de transparencia.* Ocultar gastos a la pareja. «¿Qué raro? ¡No nos alcanza el dinero!». Esto es más fácil ocultarlo cuando las parejas no son transparentes en cuánto ganan y cuánto gastan.

- *Gastar más de la cuenta.* Las personas infieles tienden a gastar dinero de la familia en gustos y deseos con el o la amante: regalos, salidas ocultas, moteles, entre otros.

- *Desequilibrar las finanzas familiares.* Al no suplir de manera responsable y adecuada las necesidades de la familia.

- *Gastos legales de divorcio.* Cuando se llega al punto de finiquitar o negociar los derechos de ambos.

- *Pensión y otras responsabilidades.* Si se separa de su cónyuge, deberá pagar pensiones y otras obligaciones familiares que son responsabilidad primaria para el cuido y manutención de los hijos.

- *Invertir en la nueva relación.* Si se separa de su pareja, las finanzas pueden verse aún más afectadas, ya que se debe mantener e invertir en su nueva pareja o relación. Por ejemplo: comprar otra casa, muebles, electrodomésticos, la comida, entre otros.

– *Afectar el negocio de la familia.* Muchos negocios familiares sufren por problemas de infidelidad, especialmente si la primera familia participaba del negocio.

– *Potenciales conflictos por las herencias.* El problema tiene ilimitadas consecuencias aun después de la muerte. Especialmente en una cultura donde no se suele dejar los documentos en orden en caso de morir, tema que tratamos más adelante.

– *Dejar en crisis a la primera familia.* Muchas mujeres y hombres quedan como responsables de las deudas de sus excónyuges, poniéndolos en una posición muy complicada y en ocasiones hasta crítica, con deudas enormes. En toda separación, los mayores afectados en el ámbito económico son los económicamente dependientes, en otras palabras, la persona que no tenía trabajo remunerado para hacer frente a sus obligaciones, así como los hijos.

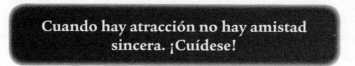

Cuando hay atracción no hay amistad sincera. ¡Cuídese!

Consejos

1. ¡Mantenga una relación de pareja sana! ¿Tienen buena comunicación, transparencia, lealtad, amistad, o existen síntomas que nos indiquen que hay infidelidad? Cada miembro debe cuidar la relación del matrimonio, revisando si este necesita atención o ayuda, o si se encuentra en plenitud y gozan de confianza mutua.

2. ¡Examine si, de alguna forma, usted es infiel financieramente a la pareja! Por ejemplo, ¿tiende usted a dar regalitos o invitar a salir, ir a bailar, cenar o al cine a otra persona «que le atrae»? De forma oculta, ¿envía mensajes o llama frecuentemente a esa persona? Un amigo solía decir que cuando hay atracción no hay amistad sincera. *¡Cuídese!*

3. *¡Busque ayuda! ¿Tienen usted y su pareja conflictos de infidelidad «comprobados»?* Si la respuesta es afirmativa, de seguro que sus finanzas familiares están siendo impactadas. Ante este panorama, lo primero que deben hacer es buscar consejería para, luego, atender el impacto financiero de la infidelidad.

4. *¡Decida cambiar el estilo de vida!* o dar otra oportunidad a su pareja si se han dado problemas, bajo un estricto proceso de consejería, para que la confianza vuelva a casa y las finanzas sean sanadas. Y esfuércese por recuperar la confianza de su cónyuge.

5. *No asuman deudas juntos si el matrimonio no está pasando un buen momento.* Primero busquen ayuda antes de asumir una deuda de largo plazo a quince años o más.

En ocasiones sucede esto con parejas inestables y creen que quedando embarazadas o que teniendo un hijo el matrimonio va mejorar o él no va a abandonar el hogar. ¡ERROR! No debemos poner sobre un nuevo bebé la «carga emocional» de restaurar su matrimonio. Lo mismo sucede con las finanzas de una pareja inestable, cuando decide endeudarse por una casa o propiedad pensando que ese nuevo bien traerá unidad familiar y va a «amarrar» a su cónyugue. Lo único que mantiene un matrimonio unido, después del amor y el perdón, es «el compromiso».

Debemos entender que ser fieles trae beneficios financieros. La persona que es infiel va a experimentar, tarde o temprano, las secuelas emocionales y económicas de vivir esta doble vida amorosa.

Por otro lado, a aquellos que están siendo seducidos para ser infieles, pero no han cedido, les recomendamos cuidar la relación con su pareja e invertir en cultivarla. Cuiden esos pequeños detalles, inviertan mejor su tiempo, sus pensamientos y dinero en su cónyuge. Cuando uno deja de sentir lo que antes sentía, tal vez sea porque ha dejado de hacer cosas importantes o incluso pequeñas que antes hacía.

Ahora bien, si su relación no anda como debiera, busquen consejo con personas objetivas cuanto antes.

Principio de sabiduría:
¡Transparencia!

«Por lo tanto, dejando la mentira, hable cada uno a su prójimo con la verdad, porque todos somos miembros de un mismo cuerpo».[46]

Hay dos indicaciones claras en este consejo de Pablo. El primero es que, si queremos buscar la perfección y la bondad como personas, debemos dejar de lado la mentira. Es tan fácil y socialmente aceptado mentir que va desde no decir toda la verdad hasta callar, y más grave es engañar adrede a otra persona. Cuando se traicionan los compromisos con las mentiras, se requieren más mentiras para cubrirlas. Y se vuelve un círculo casi interminable.

Entonces, el primer esfuerzo que se debe practicar para evitar la infidelidad es NO mentir. Toda infidelidad se inicia y se cubre con mentiras. Eliminarlas como una práctica de vida es sano y se va trasladando a otras esferas de la persona. Siempre digo que quien es capaz de engañar y mentir a su cónyuge no solo traiciona a su pareja, sino a toda su familia y amigos ante quienes prometió fidelidad hasta la muerte. Quien es capaz de engañar y mentir a quien se supone ama, podría ser capaz de mentir y engañar a un amigo, un jefe, un compañero de trabajo, a cualquie-

---

46. Ef 4.25.

ra, pues cae en un rol demasiado egocéntrico que piensa solo en su placer y bienestar.

En segundo lugar, el apóstol nos exhorta a hablar con la verdad. No le parece algo repetitivo que diga primero no mentir y luego que hable con la verdad. Es porque la verdad derriba toda posibilidad de infidelidad. Incluso si alguien está siendo infiel lo que usualmente sucede es que lo niega desde el principio y, normalmente, viene a consejería porque se le descubrió su infidelidad. Por ello, es tan importante decir con quién anda, dónde está, cómo usa su dinero. Hablamos de transparencia. La razón es que cuando Dios une una pareja dice que son una sola carne, un solo cuerpo, exactamente lo que dice San Pablo, quien engaña a su prójimo se engaña a sí mismo.

Escuché a un cantante y escritor puertorriqueño contar que una vez, mientras desayunaba con su hijita, esta le comentó que los papás de una compañerita se divorciaban. La hija de Jacobo le preguntó: «Papi, ¿por qué se divorcian los papás?». A lo que él respondió: «Porque se les olvida, mi amor». Jacobo narra que creyó que había aclarado las dudas de su hijita, cuando ella volvió a preguntar: «¿Qué se les olvida, papi?». El respondió: «Que una vez hicieron un pacto de amor». La niña siguió desayunando y Jacobo pensó habérselo aclarado a su hijita. Cuando ella de repente vuelve con su tercera pregunta: «¿Papi?», «Sí, mi amor», respondió Jacobo. «¿Y si se te olvida?» —dijo ella. «¿Se me olvida qué, mi amor?». Ella preguntó: «¿Y si a ti también se te olvida como a los papás de mi compañerita?». Jacobo se estremeció en su corazón y le dijo: «No, mi amor, no se me va a olvidar». Así es como nace su canción: Si acaso se me olvida.[47] Que Dios nos ayude a que no se nos olvide el pacto de amor que hicimos en el altar.

---

47. www.youtube.com/watch?v=6w7cDBFFSYQ.

Desafío: ¡Que el amor y el dinero vuelvan a casa!

- ¡Cuídense! Somos humanos y el riesgo siempre existe. Reflexione en su vida y piense si debe hacer ajustes para mantenerse fiel.

- ¡Dese otra oportunidad! Busque ayuda para restaurar su relación y que el AMOR y el dinero vuelvan a casa con sus seres queridos.

/ / /

EJERCICIOS DE EVALUACIÓN

A continuación algunas preguntas que usted puede hacerse, según Chuck Swindoll:[48]

- ¿Ha estado usted esta semana en alguna situación que podría ser vista como comprometedora?

- ¿Alguna de sus transacciones financieras ha carecido de integridad?

- ¿Hemos mentido o faltado a la verdad esta semana?

---

48. Según se cita en H. B. London, *Pause, Recharge, Refresh* (Carol Stream, IL: Tyndale House Pub, 2009) p.10.

Capítulo 22

¿Cómo preparar mis finanzas antes de partir?

El dinero puede comprar una casa, pero no un hogar.
El dinero puede comprar un reloj, pero no el tiempo.
El dinero puede comprar una cama, pero no el sueño.
El dinero puede comprar un libro, pero no la sabiduría.
El dinero puede comprar una posición, pero no el respeto.
El dinero puede comprar sexo, pero no el amor.
El dinero puede comprar un sitio en el cementerio, pero no un lugar en el Cielo.

Dice el refrán: «Para morir, solo hay que estar vivo». A nadie le gusta pensar en la muerte hasta que le llega la hora y, mucho menos, pensar en finanzas antes de morir. No nos gusta hablar de arreglos para morir.

Si bien es cierto que toda muerte de un ser querido es dolorosa, esta se vuelve más dura si las cuentas no estaban muy claras para los familiares que quedan vivos. Muchas personas no solo deben hacer frente al duelo emocional por la partida del familiar, sino a un calvario financiero, que ni siquiera permite tener un duelo tranquilo y reposado.

Por ejemplo, hay personas que, al morir, dejan deudas a la esposa o esposo o a los hijos. Otras dejan ahorros de los que nadie tenía conocimiento y, en ocasiones, la muerte provoca el inicio de una batalla familiar para quien se queda con las posesiones del que murió. Eso es muy triste, pero se puede evitar de muchas maneras.

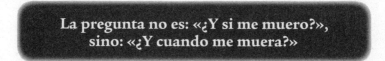

**La pregunta no es: «¿Y si me muero?»,
sino: «¿Y cuando me muera?»**

Cynthia, mi esposa, cierto día se me acercó y me dijo en tono de sorpresa:

—Javi, tengo una noticia.

Eso me llamó la atención y le pedí:

—Cuéntame la noticia, mi amor.

—Compré una linda propiedad, para los dos —contestó ella.

—¿En serio? ¿Dónde? —le pregunté.

—En un bello camposanto.

—¡Noooo! —le dije.

—Sí —exclamó—, y vas a ver qué linda vista tiene a las montañas.

Se refería al nicho donde ella y yo algún día reposaremos cuando partamos con el Señor. Siempre que pasaba por ese lugar me resistía a conocerlo, hasta un día que ella me invitó a entrar. Juntos visitamos el lugar donde algún día estaremos juntos y decidimos tomarnos una foto en el espacio número diecinueve. Fue en parte divertido, pues jugábamos a quién se hacía la foto primero en vida; claro, yo quise ser un caballero y le dije: «Las damas primero». Al final no es lo más atractivo pensar en ello, pero da tranquilidad que, cuando llegue nuestra hora, nuestra familia tiene ya donde llevarnos a descansar en paz. Lo hermoso no es solo lo financiero, sino que hemos decidido llegar juntos al final del camino, envejecer juntos y disfrutar el viaje.

Precisamente, este tema es el que vamos a abordar en este capítulo. Lo único que usted necesita para aplicar estos principios que vamos a compartir es estar vivo o viva. Y creemos que le puede ahorrar muchos dolores de cabeza a quienes ven partir a sus seres amados.

> **Lo único que usted necesita para aplicar estos principios que vamos a compartir es estar vivo o viva.**

Algunas reflexiones

1. *Los que están pasando por una crisis financiera después de la muerte de un ser amado.* Desgraciadamente, existe la creencia de que al morir una persona quedan saldadas sus deudas. Esto no es siempre cierto, depende del contrato de la deuda o de la tarjeta de crédito. Habrá casos en que sí cuentan con un seguro, pero no todos cubren esta eventualidad.

2. *Los que tienen algo que dejar a su familia y ni siquiera piensan en morir.* Si usted tiene familia, ahorros, propiedades o bienes, preste atención. Permita que su familia lo recuerde por cuánto usted los amaba y no por los enredos financieros que les dejó.

Situaciones de riesgo

– *Gente que deja mucho.* Riesgo: lucha por dinero en la familia si no dejó en claro cómo decidió dejar la herencia.

– *Gente que deja deudas.* Riesgo: dejar a la familia en crisis económica.

– *Gente que nunca comunicó nada.* Riesgo: cargas que se pudieron evitar, ahorros que se pudo aprovechar.

Algunos de los **datos y documentos útiles** antes y después de morir son:[49]

---

49. Adaptado de http://www.ifip.com.mx (se precisa ser usuario registrado).

– *Información de todas las cuentas bancarias,* a saber, ahorros, propiedades, sociedades a las que pertenecía, chequeras, tarjetas de crédito, fideicomisos, inversiones, hipotecas y otros créditos, y cajas de seguridad.

– *Pólizas de seguro:* vida, accidente, gastos médicos, últimos gastos, daños cubriendo los activos y propiedades principales.

– *Contratos de inversión:* tales como inversiones en bolsa, fondos de inversión, planes de ahorro en el trabajo, asociaciones de ahorro, entre otros.

– *Documentación relacionada con planes de previsión funerarios,* certificados de propiedad de fosas de cementerio o nichos funerarios.

– *Documentos de propiedades como escrituras,* acciones de club, facturas de automóviles, facturas de activos significativos como joyas y obras de arte.

– *Carta de instrucciones* a nuestros familiares de cómo proceder en caso de nuestra muerte. Esto es clave.

Principio de sabiduría: ¡La eternidad!

«¿De qué sirve ganar el mundo entero si se pierde la vida».[50]

Lo que nuestro Señor Jesús está diciendo es que debemos tener sentido de eternidad y no estacionarnos en lo temporal. Si bien debemos dejar todo preparado para cuando tengamos que partir con el Señor, también hemos de prepararnos para estar con él por siempre. En otra versión dice: «¿De qué le aprovecha al hombre ganar el mundo en-

---

50. Mr 8.36.

tero si pierde su alma?». El alma es eterna, pero el dinero es temporal. El alma es lo más valioso que todos tenemos, por ello debemos esforzarnos por vivir de acuerdo con los principios eternos para algún día reunirnos con nuestros familiares en su presencia.

Es importante que nos preparemos para dejar a nuestros familiares sin un pesar y problemas financieros. Bastante van a tener con el dolor de vernos partir. Organice lo mejor que pueda sus finanzas. Deje un testamento, deje beneficiarios de sus seguros y de sus cuentas, pero sobre todo prepárese para presentarse ante aquel que no solo puede auxiliarle en sus finanzas, sino que puede salvar el alma: Jesucristo.

Desafío:

- Busque asesoría de un abogado y, de forma responsable, deje a su familia la información, adquiera seguros y deje en herencia sus bienes a sus seres queridos.

- Deje copias de su información y sus cuentas, y prevea todos los escenarios, no solo si usted muere, sino si ambos mueren.

- Como hizo mi esposa, compre un nicho.

EJERCICIOS DE EVALUACIÓN

- ¿Tiene seguro de vida? ¿Ya escribió su testamento?

- Si lo tienen, ¿lo saben sus beneficiarios o familiares?

- ¿Cuál es el valor de la póliza?

- ¿Cubre la póliza sus gastos de entierro, otros compromisos o ayuda a sus hijos?

PARTE 6

CREANDO UN FUTURO MEJOR

Capítulo 23

¡Dé en el blanco!
Fijando metas financieras

*«El futuro pertenece a quienes creen
en la belleza de sus sueños».*

Eleanor Roosevelt

H AY varias formas de dar en el blanco cuando uno juega a lanzar los dardos. Una es practicando bastante, la otra es lanzar el dardo y luego dibujar el blanco y decir: «Di en el centro». ¡Trampa! Es como cuando hacemos un gasto y luego lo justificamos.

En este capítulo preste atención a las formas en que usted puede planificar sus gastos antes de usar su dinero.

La pregunta es: «¿Qué vamos a hacer este año?». No es tan fácil como decir «borrón y cuenta nueva».

Cada vez que comienza un año es fundamental revisar las lecciones aprendidas en el anterior y retomar las prioridades y los planes para empezar el nuevo año, llenos de entusiasmo y con metas financieras claras para nuestra familia.

Importancia de establecer metas

Dice el refrán que quien no sabe hacia dónde va, ya llegó. Es decir, las personas debemos definir metas para esforzarnos en alcanzarlas. Existen al menos tres verdades sobre las metas que debemos tener en cuenta:

I. *Las metas nos ayudan a poner el foco en lo importante.* El enfoque es una de las virtudes de las metas. Cuando no tenemos claro lo que queremos, gastamos el dinero en lo primero que se nos presenta. Por el contrario, cuando tenemos claridad en las metas, dirigimos nuestro dinero a lo que hemos planificado. Por otro lado, evita que nos dispersemos en otros gastos no prioritarios.

II. *Las metas nos dan dirección al usar nuestro dinero.* Todas las personas desean lograr diferentes metas financieras, pero no presupuestan el dinero necesario para lograrlas. Definir metas crea el mapa de hacia dónde ir y cómo aprovechar el dinero para lograrlo.

III. *Las metas nos permiten medir cómo vamos y corregir errores.* No es suficiente tener un plan y centrarse en él, es necesario darle seguimiento y corregir en el camino. El plan es la clave para recordar los pasos a seguir y motiva ver los avances en dirección a las metas. Por otro lado, ayuda a tomar decisiones que garanticen avanzar a pesar de los errores.

Dos errores frecuentes que debemos evitar al empezar el año:

Error n.º 1: **Empezar a gastar el dinero sin haber definido prioridades;** *es como empezar un viaje sin saber a dónde vamos.* Debemos iniciar cada año como si se tratara de un nuevo viaje. Cada año es como un nuevo territorio por recorrer y nadie se aventuraría a viajar a un país sin saber qué lugares visitar y sin un mapa. Iniciar un año sin planes es como viajar a otro país sin un mapa que le guíe.

Error n.º 2: **Autojustificarse con que sí vamos bien.** Es cuando usamos el dinero sin un plan y luego nos autojustificarnos diciendo que eso era lo que queríamos comprar. Entonces es muy difícil saber si dimos justo en el blanco o no. Es cuando empezamos a endeudarnos para el día a día sin un plan claro de pagos. Autojustificarnos no nos ayuda mucho y, generalmente, lleva a descontroles financieros.

Les propongo que elaboren su propio tablero de metas para este y el próximo año. Estas metas serían su guía para usar su dinero, su mapa que le va a guiar para lograr sus objetivos personales y familiares.

A. ¡Lo primero es lo primero! DEFINAN EL TABLERO DE PRIORIDADES.

Tome un tiempo, junto con su familia, para definir las metas que desea lograr. Las parejas pueden definir un ***ahorro conjunto***, que no va ser TU ahorro, ni MI ahorro, sino NUESTRO ahorro, y desde luego cada quien debe programar su ahorro personal. Este tablero puede incluir pago de deudas, puede definir ahorros para estudio, vacaciones, reparaciones y salud. O bien para proyectos especiales como boda, compra de auto o vivienda, reparación de vivienda, sustitución de algún electrodoméstico, la graduación de su hija, ayudar más en la iglesia, donar a alguna organización como Enfoque a la Familia para que siga difundiendo sus mensajes radiofónicos y apoyando la restauración de familias y matrimonios, u organizaciones de bien social para que continúen su labor de ayudar, y por qué no, apoyar a proyectos en su comunidad.

1. *Definan el monto para ahorrar por mes.* Cada una de estas metas tiene un objetivo claro que se representa en dinero. Usted debe determinar cuánto dinero necesita para, por ejemplo, casarse; entonces debe definir cuánto monto debe separar por mes para cumplir esa meta. En la página de Internet de www.finanzasconproposito.org hay una sección para que usted pueda calcular ese ahorro. O bien puede decir que lo que es capaz de ahorrar es «x» o «y» monto y, al definir por cuánto tiempo, usted va a saber cuánto va a tener al final de un número de meses determinado. Dependiendo de la edad debe pensar en el ahorro de estudio de los hijos y en su plan de retiro.

2. *Definan dónde ahorrar e invertir.* Este paso es fundamental. Una vez que usted se ha decidido y acordado en casa cuánto ahorrar por mes para cada meta, debe decidir dónde va a depositar ese dinero. Cada país es diferente y, por ello, le recomiendo que utilice entidades del sector financiero formales. Para cada una de ellas, solicite conocer el estado de sus balances y, asegúrese, en el caso de entidades más grandes, de que estas están reguladas por leyes respectivas en su país. Esto con el fin de evitar guardar su dinero en entidades especulativas y riesgosas. No se recomienda ahorrar el dinero en casa, pues es más inseguro y, además, le va a tentar a usted a usarlo en el primer deseo de compra que surja. Siempre es recomendable diversificar sus inversiones para

no arriesgarse a poner todos los «huevos en la misma canasta» en caso de que algo suceda con esa entidad donde usted ahorra el dinero que tanto le ha costado ganar.

> **Dependiendo de la edad debe pensar en el ahorro de estudio de los hijos y en su plan de retiro.**

3. *Definan el mecanismo de ahorro e inversión.* Una vez que usted ya ha definido dónde ahorrar, le corresponde definir el mecanismo, es decir, usted puede decidir que su dinero se le deduzca de su salario o sueldo de forma automática, lo cual le facilita no tener que trasladarse a cada entidad, ahorrando tiempo, y es más seguro. El otro tema es decidir el período de ahorro, lo cual quiere decir que hay entidades financieras que cuentan con instrumentos financieros de ahorro como usted lo decida. Hay entidades que incluso le permiten ponerle un nombre a su ahorro, digamos, «graduación», «Navidad», «educación», «universidad», «boda», lo cual le va a ayudar a usted a recordar para qué ahorra.

4. *Organice sus ingresos para cumplir sus metas.* Muy bien, si usted va siguiendo estos pasos, le debe surgir la pregunta: «¿Qué ocurre si no me alcanza para poder ahorrar?». Si las metas son lo suficientemente desafiantes e importantes para usted y su familia, usted va a tener la fuerza de voluntad necesaria para hacer un ejercicio conjunto con su familia de qué gastos pueden reducir o eliminar para invertirlos en esos ahorros. Tomemos el ejemplo de que tal vez ustedes, como familia, salen a visitar los centros comerciales todos los fines de semana y, cada vez que van, gastan una cantidad de dinero en comidas rápidas o restaurantes. Hágase la pregunta: «¿Podríamos reducir las visitas a estos restaurantes y, en lugar de gastar ese dinero, ahorrar para las vacaciones de fin de año?». Esto es reubicar gastos, que, en lugar de irse a un destino de compra impulsiva, vayan a un propósito

de ahorro. Conforme avance en sus ahorros celebre con su familia ese logro. Aunque hemos venido trabajando el tema del ahorro, puede ser que, si su meta es cancelar las deudas, usted haya decidido pagar un poco más de la mensualidad y abonar a la deuda o saldo principal con el fin de bajar los intereses y salir más rápido de sus deudas.

Separar gastos necesarios (básicos) e innecesarios (no básicos) le puede ayudar a reubicar su dinero ya sea para ahorrar, pagar deudas o tomar vacaciones (viaje de boda entre otros), como lo muestra la siguiente figura:

GASTOS NECESARIOS
(BÁSICOS)

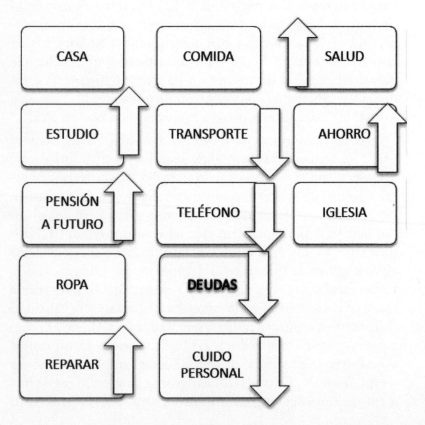

> **Conforme avance en sus ahorros celebre con su familia ese logro.**

GASTOS NO BÁSICOS
(INNECESARIOS)

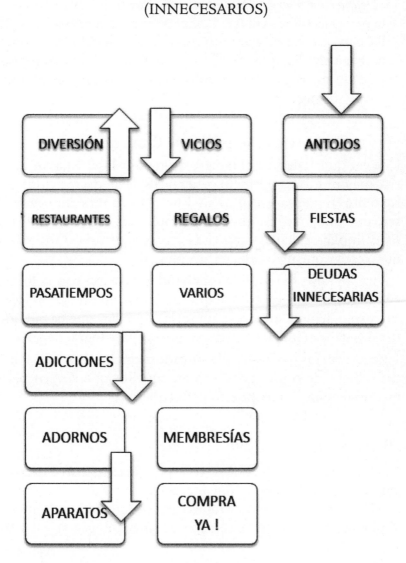

Este ejercicio de separar lo básico de lo no básico se puede hacer en familia, y les ayuda a redistribuir su dinero, de tal manera que pueden detectar algunos que incluso se deben eliminar como vicios y adicciones, para usar ese dinero en proyectos de más provecho para la pareja o la familia.

5. *Defina una reserva para imprevistos.* Por todos es sabido que la parte del tablero más difícil de acertar es el centro, a eso le llamamos reservas para imprevistos o para el futuro, como cubrir a alguien que se enferme o algo que se dañe de repente. Para estos propósitos recomiendo ahorrar mínimo un 5% de sus ingresos.

Mejore su puntería financiera

Una vez que ya definió el tablero de metas y las formas de ahorro, mejore su «puntería financiera», es decir, decida cuidadosamente en qué va a utilizar su dinero. Cada mes, quincena, o semana, asegúrese de que va a cumplir sus metas de ahorro. Esto implica calcular bien cada gasto que surja o inversión que desee y que no estaba en sus planes.

Para lograrlo se requiere mucha planificación con el fin de evitar gastos innecesarios y que, cada vez que recibe el salario, usted dedique tiempo para revisar qué hay que pagar, qué deudas debe atender y qué debe ahorrar para lograr las metas.

Recuerde: los gastos no planificados son aquellos que salen del tablero de prioridades, o bien aquellos que surgen pero que no tenemos presupuesto para cubrirlos.

B. ¡LANCE EL DARDO!

Con la mirada fija en el tablero de prioridades, distribuya sus gastos de acuerdo con lo que planeó. Esto requiere de mucha disciplina para tomar decisiones cada vez que se usa el dinero. Y, por supuesto, requiere carácter y firmeza al usar su salario.

Cada vez que no cumpla su meta de ahorro en el tablero es como «sacrificar» su sueño para hacer otro gasto no contemplado. De ser así estaría fallando en su puntería «financiera» y debe corregir para que el próximo pago no le pase lo mismo.

El mayor cuidado es no caer en el error de endeudarse para gastos fuera del tablero, sin tener la certeza de poder pagarlos. No debe endeudarse para satisfacer deseos pues tarde o temprano deberá sacrificar algo prioritario del tablero para pagar esa deuda.

C. REVISE SI ESTÁ EN EL BLANCO

Cada gasto que haga, cada ahorro, o cada pago que ejecute, revise si dio en el «blanco», es decir, si lo utilizó según lo planificado. De haberlo logrado es motivo de celebrar y le va a dar ánimo para continuar en esa disciplina.

Puede ser que usted se haya desviado al hacer el pago, aun dentro de las prioridades, es decir, que haya gastado más de lo planeado, haya gastado en lo no planeado, o bien haya dedicado demasiada atención a un gasto o ahorro descuidando otras prioridades.

> **Cada mes, quincena, o semana, asegúrese de que va a cumplir sus metas de ahorro.**

¿Por dónde empezar?

La más difícil de acertar es la «R», que representa las reservas, pues requiere ser muy «intencional» en ese ahorro para imprevistos. Y es el que más fallamos. Para esto existen las famosas «Reservas» o bien los «Ahorros Programados» que muchas instituciones financieras ofrecen. Algunos tipos de gastos que usted puede planear con anticipación son:

– Cumpleaños de sus hijos o cónyuge.

– Aniversarios.

– Pago de matrículas por ingreso a clases suyas o de sus hijos.

– Compra de útiles y uniformes escolares.

– Pago de impuestos.

– Vacaciones.

– Gastos extras en Navidad.

¿Por qué es importante este tipo de reservas?

a) No son gravosas si las ahorra consistentemente.

b) No conllevan sorpresas.

c) Usted disfruta cada temporada.

d) No afectan a su presupuesto normal.

e) Tiene asegurado el dinero que necesita.

Formas de mantener estas reservas

Lo más recomendable es depositar el dinero en entidades sólidas y seguras, como bancos, financieras y cooperativas o entidades de ahorro. Desde luego usted puede, junto con sus hijos, guardar de vez en cuando una parte en alcancías y llevarlo después al banco.

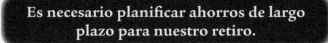

Es necesario planificar ahorros de largo plazo para nuestro retiro.

¿Qué hacer?

Defina un cuadro de necesidades por temporada como el que mostramos a continuación, definiendo qué precisa, para qué, cuánto, por cuánto tiempo y cómo, según sus posibilidades.

Plan de ahorros en dólares

Propósito	Ahorro mensual	Meta	¿Por cuánto tiempo?	Forma de ahorro
Pago de impuestos				
Navidad				
Viaje a mitad de año				
Imprevistos y salud				
Cumpleaños				
Largo plazo				

Otros tipos de ahorros según el gasto para cubrir:

1. Ahorros para gastos escolares.

2. Ahorro para pago de seguros.

3. Ahorro vacacional.

4. Ahorro navideño.

5. Ahorro para celebraciones como cumpleaños y aniversarios.

6. Ahorros a la vista o contingencias.

Se va a sentir muy bien cuando, por primera vez, logre cubrir algunos o todos estos gastos. Cynthia y yo practicamos esos ahorros y da mucha tranquilidad saber que usted cuenta con el dinero necesario cuando se requiera, reduciendo el estrés, de tal manera que les permite realmente disfrutar los tiempos festivos en familia.

Cabe resaltar que es necesario planificar ahorros de largo plazo para nuestro retiro, que nos permitan hacer frente a las necesidades presupuestarias cuando nuestros ingresos, beneficios y paquetes de compensación se vean disminuidos.

PRINCIPIO DE SABIDURÍA:

¡Previsión!

«El hijo prevenido se abastece en el verano, pero el sinvergüenza duerme en tiempo de cosecha».[51]

La previsión le da más probabilidad de provisión. La historia de José en Egipto es el ejemplo perfecto para ilustrar la sabiduría de una persona que fue advertida de las vacas gordas y de las vacas flacas, y tomó previsión en el tiempo de la abundancia. Y eso le bastó para la época de la escasez.

Planear mientras se puede debe ser un hábito familiar. Aun cuando hay escasez debemos ser más cuidadosos en los planes de gastos y de ahorro. Planear es pensar en el futuro y, como no conocemos el futuro, precisamente por eso debemos ser precavidos.

Lo hermoso de la historia de José es que, años después, su sabiduría de ahorrar el veinte por ciento de lo que se produjo durante las vacas gordas le permitió no solo abastecer al pueblo, sino que su familia fuera bendecida por su previsión. Tomar tiempo como familia es clave para prever y planificar los gastos.

DESAFÍO:

Siéntese con su familia a definir sus metas financieras para este y el próximo año. Afine la puntería financiera y controle de cerca el uso de su dinero.

---

51. Pr 10.5.

EJERCICIOS DE EVALUACIÓN

- ¿Puede sentarse a revisar su presupuesto y decidirse a iniciar, al menos, uno de estos tipos de ahorro?

- Aunque la cuota le parezca pequeña, esto le creará el hábito de ahorrar, que es el primer paso.

- Con su cónyuge o familia, elaboren el cuadro de ahorros para formular su tablero.

Capítulo 24

La satisfacción financiera ¿Cómo alcanzarla?

> *«Muchas personas se pierden*
> *las pequeñas alegrías mientras*
> *aguardan la gran felicidad».*
>
> Pearl S. Buck

Algunos dicen: «Panza llena, corazón contento». Otros dirían: «Billetera llena, corazón contento». ¿Será esta una buena señal de satisfacción financiera? Desde luego que no, nuestra satisfacción como personas o familias no debe fundamentarse en nuestra solvencia económica, en la cantidad de «artículos» que podamos tener o por el tipo de auto que conduzcamos.

Algunas personas que se encuentran con amigos que no ven desde hacía mucho tiempo, en un centro comercial, al despedirse se quedan esperando a ver en qué tipo de vehículo se suben, como si eso les diera una percepción de cómo les han ido las cosas. Si se suben en un vehículo lujoso y caro, dirán: «¡Wow, qué bien le ha ido!». Por el contrario, si ven que se sube en un auto humilde, dirían: «¡Uhhhh! No le ha ido tan bien, ¿eh?». No obstante, esas formas de medir el éxito o la satisfacción financiera no siempre son las mejores, pues vemos las apariencias.

> **La insatisfacción financiera surge de mirar hacia dentro de nosotros y ver la realidad de nuestro estilo de vida, y sentir que hay una brecha o abismo entre lo que somos, hacemos y tenemos y lo que quisiéramos ser, hacer y tener.**

¿Cómo saber si yo como persona, o nosotros como familia, o nosotros como pareja nos sentimos financieramente satisfechos? En este espacio vamos a dar algunas ideas y facilitaremos algunas recomendaciones que podamos aplicar en nuestras vidas, en casa y que nos ayuden a vivir un estilo de vida satisfactorio.

Durante las consejerías que he podido dar, encuentro algunas características de las personas satisfechas e insatisfechas financieramente, tal como lo resumo en el cuadro siguiente:

Personas satisfechas en lo financiero	Personas IN-satisfechas en lo financiero
Agradecida	Se queja de todo
No envidia	Vive comparándose
Optimista / tiene ilusiones	Pesimista / desilusionado
Se siente realizado	Vive frustrado
Transmite paz	Proyecta estrés
Aunque tiene dificultades, vive contento	Aunque tenga todo lo material siempre le faltará algo

Ahora bien, tampoco se debe confundir satisfacción con conformismo:

Satisfacción ≠ Conformismo

No debe malinterpretarse la satisfacción como falta de interés en desarrollarse laboral, académica o materialmente. Satisfacción es tener la capacidad de poseer un buen estado de ánimo, tanto en tiempos de abundancia como de escasez. Y tener la capacidad de superarnos y dar lo mejor de nosotros, disfrutando lo que se tiene y trabajando por un futuro financieramente más prometedor.

¿Qué nos limita en cuanto a estar satisfechos con nuestras finanzas?

1. *Estrés:* por no tener lo que quisiera o lo que otros tienen. Por ejemplo, algunas personas sueñan con «las vacaciones de mis sueños, el automóvil que quiero, la casa perfecta», y cuando no lo logran se estresan, lo que incentiva el consumismo y deudas impagables como un camino a la plenitud personal y familiar, mitos que se alejan de la realidad.

2. *Inseguridad presupuestaria.* ¡Hoy sí, mañana no sé! Un mes se puede pagar, pero no hay seguridad de que el siguiente sea igual. No tener presupuestos definidos es un factor de insatisfacción, ya que la presión que genera desconocer las entradas y salidas de dinero familiar crea inseguridad. Por tanto, cualquier imprevisto, reparación, problema de salud, entre otras circunstancias no anticipadas, desajusta el dinero del hogar.

3. *Sabotear nuestros planes de ahorro y del hogar.* Sucede cuando ahorramos y lo utilizamos para gastos no planificados, lo cual nos hace sentir desconfiados de nuestra disciplina y

poco compromiso con el futuro, observando siempre como inalcanzables las metas financieras propuestas en familia.

> **SER agradecidos, SER ordenados, SER disciplinados, SER honestos.**

¿Cómo fomentar la satisfacción financiera en la familia?

a) Preocuparse por SER más que por estar haciendo y teniendo. Es necesario desarrollar la capacidad en nosotros mismos y en nuestra familias, y, como pareja, SER agradecidos, SER ordenados, SER disciplinados, SER honestos; es estar contentos de lo que somos, en lugar de estar felices por lo que hacemos y de lo que tenemos. Yo me siento feliz de SER de ayuda a muchas familias en sus finanzas para que no pasen las crisis que yo pasé, más allá de hacer programas de radio, televisión o escribir artículos e impartir seminarios, y aun más allá de tener bienes materiales.

Si nos preocupamos por lo que SOMOS, vamos a cerrar esa brecha de insatisfacción financiera por lo que no estamos haciendo o teniendo. Esto no implica que no debamos luchar por tener estabilidad económica, sino por SER personas que luchan por SER mejores.

b) ¡Ojo con los espejismos! Debemos aceptar la realidad y valorar lo que tenemos para superarnos. Hay personas que viven en otro mundo, que no es el suyo: en el mundo de «me hubiera gustado ser, hacer o tener», y así gastan el dinero, pero no se sitúan en la realidad. Debemos ubicarnos en nuestra situación para disfrutarla y superarla. Esto nos ayuda a que aun cuando no haya abundancia se valore aquello que se es y que se tiene. Recuerde que siempre habrá alguien que tendrá más o menos. Compararse no es saludable.

c) Viaje por el triángulo de la decisión: es esencial aprender a aplicar los tres pasos que nos ayudarán a decidir los gastos antes de invertir el dinero y así manejar finanzas satisfactorias:

PENSAR QUÉ ES LO QUE QUIERO, NECESITO Y PUEDO.

Esto significa que es recomendable realizar estos tres pasos para tomar decisiones más reflexivas sobre las finanzas:

1. QUIERO: es aquello que deseo tener o hacer con el dinero.

2. NECESITO: es aquello de lo que tengo la necesidad y la prioridad de tener o invertir.

3. PUEDO: es aquello que tengo las posibilidades financieras reales de hacer o tener, según mi bolsillo y mis ahorros.

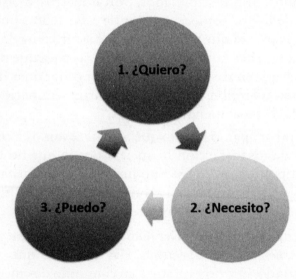

Algunos ejemplos prácticos:

– Yo QUIERO una lavadora muy costosa y, realmente, sí NECESITO cambiarla porque está deteriorada, y salta de brincos cuando está secando, pero solo PUEDO comprar una lavadora económica.

– Yo QUIERO comprar un auto nuevo, no obstante, NECESITO pagar mis deudas, pero lo que PUEDO hacer es cancelar el saldo de una tarjeta de crédito.

– Yo QUIERO irme de vacaciones con mi familia a un hotel todo incluido, sin embargo, como DEBO comprarle lentes de aumento a mi hijo menor, PUEDO ir a visitar a mi familia, que vive en otra ciudad, pasarlo bien y gastar menos.

– Anote:

> Yo QUIERO_____,
>
> pero NECESITO _____
>
> y PUEDO _____

El error más común de las personas que tienen época de bonanza es que dicen: «Como QUIERO y PUEDO, ni siquiera me pregunto si lo NECESITO». Saltan al segundo paso, «gastar», y luego se arrepienten de no haber ahorrado.

d. *Cuidar nuestro comportamiento en la familia.* Por ejemplo, no expresar frustración o quejas ante los hijos, ya que esto les genera estrés que ellos no están en capacidad de manejar, les frustra e influye en su salud emocional de forma negativa. Si bien se les debe mantener al tanto de las circunstancias que vive el hogar, tanto positivas como negativas, se debe ser prudente en la forma de comunicar la información, así como en el nivel de detalle que es apropiado darles.

Es importante ser una buena influencia positiva para los menores de edad, por lo que es sano animar a los hijos a ser agradecidos con lo que poseemos. La clave es vivir plenamente con lo que tenemos, sin perder el sueño de metas para mejorar el futuro.

Principio de sabiduría: ¡Contentamiento!

«Porque nada trajimos a este mundo, y nada podemos llevarnos. Así que, si tenemos ropa y comida, contentémonos con eso».[52]

¡Qué difícil asimilar estas palabras y definición de estar satisfecho! Especialmente en una sociedad que nos invita a que la satisfacción sea tener muchas cosas.

Siempre que llego a casa y juego con mi hija o mi hijo, y compartimos risas, historias y momentos especiales juntos, o cuando oramos y leemos la Biblia antes de dormir, en mi pensamiento oro diciendo: «Dios, estos son momentos que no deberían terminar. Momentos de amar, sonreír, jugar, hablar, escuchar, son momentos valiosos para mi vida como padre, pero para mi esposa y mis hijos también».

Por mucho tiempo creí que el tesoro era hacer dinero o tener una posición o viajar o tener un buen título en una buena universidad, pero, con los años, Dios me ha enseñado que ahí no está la felicidad. Otros creen que la satisfacción está en lo material y se esfuerzan y logran muchas cosas, pero no está ahí la felicidad ni la verdadera riqueza.

El apóstol Pablo habla de que no hay mayor riqueza que ser piadosos y fieles creyentes, sobre todo si uno está contento con lo que tiene. Uno ve personas insatisfechas innecesariamente que creen que con más van a ser mejores y más felices. Luego de que lo alcanzan quieren más y más, porque no se sienten contentos.

¿Está usted satisfecho con la casa, trabajo y posición que Dios le ha dado? Si su respuesta es sí, usted ya está lleno

---

52. 1Ti 6.7-8.

de riquezas. ¿Está su familia primero antes que el trabajo?

La verdadera riqueza no es tener, sino compartir. La verdadera riqueza no es saber, sino enseñar; la verdadera riqueza no es vivir, sino trascender; la verdadera riqueza es entregarse; la verdadera riqueza es confiar; la verdadera riqueza es perdonar; la verdadera riqueza es creer y, por supuesto, la verdadera riqueza es amar.

La verdadera riqueza no la busquemos afuera, está dentro de cada uno de nosotros, es Dios en nosotros, es Cristo. Está en nuestros seres amados que son parte de nuestra vida y nuestro destino; por su divina voluntad, todo lo demás pasará.

Una persona se acercó a Jesús a pedirle ayuda pues el hermano no quería compartir la herencia. Entonces Jesús dijo: «¡Tengan cuidado! Absténganse de toda avaricia; la vida de una persona no depende de la abundancia de sus bienes».[53]

Desafío:

- Anote cinco cosas por las que usted HOY se siente satisfecho con su estilo de vida y familia.

- Procure, a partir de hoy, crecer más en lo que ES que en lo que HACE o TIENE.

- Promueva buenos recuerdos en su familia dentro de un ambiente de paz y satisfacción financiera.

---

53. Lc 12.13-15.

/ / /

EJERCICIOS DE EVALUACIÓN

– ¿Está usted contento con lo que tiene?

– ¿Está contento con la familia que Dios le ha dado?

– ¿Está contento con el cónyuge, con los hijos, con los padres que Dios le ha dado?

CAPÍTULO 25

¿DE DÓNDE VENGO, DÓNDE ESTOY Y HACIA DÓNDE VOY?

«Lo más importante de este mundo no es saber dónde estamos, sino hacia dónde vamos».

Goethe

AL llegar al final de este libro y del recorrido que hemos hecho juntos al pasado, al presente y al futuro de nuestras vidas de familia y de pareja, en relación con las finanzas tuyas, mías y nuestras, quiero dar una palabra de ánimo con una dosis de fe y de realismo que nos haga pensar en el futuro de nuestra familia y nuestras finanzas. Y para guiarnos nos vamos a hacer muchas preguntas de reflexión.

¡Tal vez una de las áreas de mayor desánimo de una persona es cuando hay fracasos o desaciertos en la parte financiera o de la economía familiar! No solo por sentir un cierto golpe al ego en su capacidad de proveer al hogar, sino por sentir su seguridad amenazada.

Una demostración común de nuestra capacidad de administrar el dinero está relacionada con nuestra reacción emocional cuando tenemos abundancia y, sobre todo, con nuestra forma de enfrentar las crisis de escasez.

> Tanto los momentos de abundancia
> como los momentos de crisis son grandes
> oportunidades de fortalecer y probar de qué
> estamos hechos, es decir, estas experiencias
> prueban nuestro carácter.

Cada persona debe hacerse tres preguntas fundamentales en varias áreas de su vida:

– ¿De dónde vengo?

– ¿Dónde estoy?

– ¿Hacia dónde voy en mis finanzas?

1. ¿De dónde vengo? (Huellas de familia).

· Trasfondo familiar.

· Experiencias de vida.

– *Trasfondo familiar.* En primer lugar, cuando hablamos del trasfondo familiar tiene que ver con la formación y lo vivido en el seno de la familia. Aquí pueden darse varias situaciones que yo debo reconocer: ¿cómo viví con mi familia? ¿Vivimos con limitaciones o vivimos con abundancia o vivimos pasándolo sin que nada nos faltara? Mi trasfondo familiar determina, en alguna medida, mis expectativas financieras de la vida:

a) *Limitaciones.* Cuando una persona vivió con limitaciones puede tomar dos rumbos. Por un lado, cuando empiece a ganar su dinero, puede decirse a sí misma: «Ahora sí me voy a sacar el clavo» (desquitarse); se dedica a gastar y gastar y a darse los lujos que sus padres no le pudieron dar, y puede buscar «juguetes de adulto» (por ejemplo, un reloj caro, aparatos electrónicos, un superauto, la cocina de sus sueños, etc.). No es malo querer tener cosas buenas, lo malo pueden ser las motivaciones que te llevan a gastar. Esto, por supuesto, es riesgoso. Por otro lado, alguien que vivió con limitaciones financieras puede vivir con «mentalidad de no tengo», aunque sí tiene, privando a su familia de tiempos de esparcimiento y un poco más de confort que lo que esta persona pudo tener. También puede tender a ayudar al necesitado cuando se superan financieramente.

b) Abundancia. En este caso se trata de alguien que siempre tuvo todo lo que necesitó y un poco más allá, se acostumbró a tener de todo y, cuando vienen momentos difíciles, tiene recaídas de desánimo. Por otro lado, la persona que siempre tuvo abundancia en su hogar puede tender a una mentalidad de «sí se puede tener de todo» y luchar por tenerlo. Dado que siempre tuvieron, no se deslumbran con las cosas materiales tan fácilmente como un «¡Wow!¡Vea eso!», pues siempre lo tuvieron todo. Y pueden perder la capacidad de asombrarse o de ser agradecidos por lo que se tiene pues nunca les hizo falta nada.

c) Vivir bien. Las personas que no tuvieron mucho pero tampoco sufrieron escasez pueden tener la ventaja del equilibrio en sus finanzas y, dependiendo de sus decisiones financieras, van a crecer y superarse, pero deben tener cuidado de no dejarse vencer por las adversidades, y luchar por lo que quieren y por sus sueños.

Cualquiera de estos tres escenarios influye en nuestra forma de ver el dinero HOY y, de alguna manera, nos puede condicionar en nuestras decisiones financieras o motivación a tener o gastar.

¿Cómo ha influido la forma de vida que tuve en mi familia en mis expectativas y acciones de HOY?

– *Experiencias de vida.* En segundo lugar, las experiencias se refieren al producto de las decisiones o eventos que hayamos «atravesado». Debemos tener la capacidad de reconocer cómo nos han marcado en la vida los buenos y malos momentos financieros, como fruto de las decisiones tomadas y que nos ha llevado a pasar por cimas y valles de la vida.

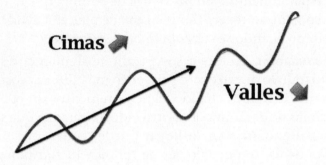

Las «cimas» son esos momentos hermosos donde no nos falta nada y aun tenemos para compartir con otros y darnos, a nosotros mismos y a nuestra familia, aun más allá de lo necesario. Es en las cimas donde podemos celebrar los buenos momentos, las alegrías, la tranquilidad de tener bienestar familiar, el poder compartir y poder bendecir a otros con nuestros recursos.

Las cimas son especiales, solo que tengamos cuidado de no excedernos en los tiempos de abundancia para que no se conviertan en algo dañino al aferrarse demasiado a esos buenos momentos.

Los «valles» son esos momentos difíciles que hemos pasado donde hizo falta el dinero, donde no alcanzaba ni para lo «básico». Esos momentos amargos son lecciones de vida que nos ayudan a luchar por salir adelante.

Como vemos en el gráfico, no importa si en nuestra vida han existido cimas y valles, lo importante es que esos buenos o malos momentos nos ayuden a crecer como personas y como familia. Siempre que conduzco subiendo una montaña, me sucede que, de vez en cuando, la carretera va hacia abajo como parte del trayecto montañoso de Costa Rica —especialmente al visitar los volcanes—, luego continúo subiendo de nuevo.

Igual es la vida, cuyo propósito es crecer como personas, pero, aunque a veces se pone muy duro y hacia abajo, en realidad estamos subiendo si superamos la crisis.

> **Las «cimas» son esos momentos hermosos donde no nos falta nada...**
> **Los «valles» son esos momentos difíciles donde hace falta el dinero...**

Tristemente perdemos a muchas personas o familias se desintegran en las cimas o en los valles, por no saber manejar los buenos o malos momentos.

¿Ha habido eventos determinantes en mi pasado que han influido en mi forma de enfrentar el HOY?

2. ¿Dónde estoy?

¿Cima o valle? Esta pregunta se contesta viendo el gráfico y pensando: «¿Estoy pasando un valle o estoy en la cima», «¿Cómo estoy enfrentando ese valle?» y «¿Cómo estoy manejando mi dinero ahora que estoy en la cima? ¿Siento que no me alcanza? ¿Estoy atrasado en mis deudas o tengo demasiadas?», o «¿Estoy siendo mesurado?».

Mi estado emocional. Hoy ¿estoy yo replicando el modelo de escasez de mi familia y pienso que no puedo tener un mejor futuro? ¿Estoy desanimado por no poder tener o lograr el éxito financiero de mis padres?

En ambos casos debo preguntarme qué decisiones estoy tomando para salir adelante en lo emocional, en lo financiero, en lo laboral y en lo familiar.

3. ¿Hacia dónde voy?

Recordemos que lo importante es hacia dónde vamos. El pasado ya pasó y debemos enfocar la mirada en el futuro.

Debemos decidir HOY hacia dónde vamos:

– ¿Qué puedo aprender de mi familia?

– ¿Qué debo desaprender de mi familia?

– ¿Qué puedo aprender de mis cimas y mis valles?

– ¿Qué puedo hacer para mejorar mi situación hoy?

– ¿Cómo preparo desde ya mis finanzas para mi retiro?

Estamos hablando de que, con todo lo aprendido en el viaje de este libro que usted tan amablemente ha tenido el deseo de recorrer, llega la hora de decidir hacia dónde vamos con todos estos aprendizajes una vez concluida la lectura. Permítame decirle que el viaje continúa. Dependerá de usted y su familia, con la ayuda de Dios, salir adelante, a fin de que sea lo nuestro lo que triunfe y, de esta manera, el dinero no sea un problema en casa, sino más bien una bendición.

Principio de sabiduría:
¡Satisfacción en toda circunstancia!

«No digo esto porque esté necesitado, pues he aprendido a estar satisfecho en cualquier situación en que me encuentre. Sé lo que es vivir en la pobreza, y lo que es vivir en la abundancia. He aprendido a vivir en todas y cada una de las circunstancias, tanto a quedar saciado como a pasar hambre, a tener de sobra como a sufrir escasez. Todo lo puedo en Cristo que me fortalece».[54]

---

54. Fil 4.11-13.

Se habla mucho de este pasaje porque el apóstol lo escribe desde una celda de prisión. Él, a pesar de pasar un muy mal momento, dice haber aprendido a vivir en la pobreza y a padecer hambre. Dice que sabe tener y disfrutar en la abundancia. Es el balance perfecto. Es la actitud correcta. Es el carácter firme ante las cimas y ante los valles. El apóstol reconoce que le han ayudado, pero que la fuente de inspiración para su provisión es de Cristo que le fortalece.

La clave está en aprender de nuestras experiencias pasadas a ver la mano invisible de Dios haciéndose visible en los milagros financieros; o dándonos consuelo ante la falta de alimento y de dinero. Es decidir cambiar mi pasado y mi estado actual basándolo en la confianza que puedo depositar en Dios. Es ser agradecido con las oportunidades para crecer y aprender; es ser agradecido con cada plato que tenemos enfrente antes de comer; y, al vestirnos, es ser agradecidos por la familia que nos ha dado; es ser agradecido por las capacidades y la fe que nos da para afrontar los buenos y los malos momentos; y, sobre todo, es ser agradecidos por su santa y bendita bondad y provisión cada día.

Desafío:

- Ser moderados y empezar a ahorrar o invertir si estoy en una cima.
- Corregir malos hábitos y buscar ayuda si estoy en un valle.
- Ahorrar para mi retiro.

/ / /

EJERCICIOS DE EVALUACIÓN

– ¿De dónde vienes, donde estás y adónde vas en tus finanzas familiares?

– ¿Tengo un fondo de ahorro para los estudios de la universidad de mis hijos?

– ¿Estoy preparando mis finanzas para cuando tenga más de sesenta años y me deba retirar?

¡EL MEJOR LEGADO!

LA NOCHE DE LAS LUCIÉRNAGAS

ESTÁBAMOS en la montaña, hacía frío, la noche caía en aquella sencilla y pequeña cabaña que nos permitía calentarnos con el fuego de la chimenea y el aroma a humo y madera.

Mientras Cynthia, Teno, Fio y yo compartíamos viendo cómo caía la oscuridad en el corredor de esa pequeña, fría y sencilla cabaña, notamos cómo se empezaban a encender luces por doquier, en medio del olor del bosque de cipreses; eran cientos de ellas, por todos lados. Apagamos la luz de la cabaña y casi se iluminaba con las lucecitas de las luciérnagas. Fiorella tomó dos; estábamos impresionados de ese milagro de la naturaleza. Era como si Dios nos dijera: «Me encanta verles juntos en medio de la sencilla cabaña».

Nos abrazamos y dimos juntos gracias a Dios y mis hijos dijeron: «Papi, esta es una de las noches más maravillosas que hemos pasado». No hicimos más que estar ahí, fue el estar juntos lo que produjo esa magia de la unidad y donde Dios nos sorprendió con tan bello espectáculo, comparable con el mejor de los circos o efectos de luz creados por el hombre.

La clave fue simplemente estar. Sí, era estar ahí lo que nos abrió los ojos ante tal tesoro. Éramos nosotros, nadie más, la familia; fue nuestro momento juntos, lleno de un recuerdo duradero que ni las cámaras de fotos pudieron captar, pero sí nuestra memoria. Fue un momento para sembrar un recuerdo. Solo uno. Pero un recuerdo para la eternidad.

Al concluir este libro con mucho esfuerzo de varios años y con la inspiración de Dios, de mi familia, amigos y colegas, quiero terminar con unas breves palabras que resumen mi sentir para cada uno de ustedes y sus familias. Espero que, al finalizar estos consejos prácticos, ustedes no solo hayan encontrado alivio en sus finanzas, sino alivio con sus familias y con ustedes mismos.

Debemos:

- Saber que la sociedad nos presiona con formas de obtener y usar el dinero.
- Revisar cómo está nuestro corazón y revisar nuestras motivaciones.
- Ser cautos, moderados y no dejarnos llevar solo por lo que queremos.
- Tomar lo mejor de lo que hemos aprendido de nuestra familia y aplicarlo.
- Honrar a Dios con nuestros bienes, honrar a nuestra familia y a nuestros semejantes.
- Reconocer que todo lo que tenemos viene de Dios, que es nuestro proveedor.
- Ser responsables, tomar decisiones correctas y actuar con rectitud y visión de futuro.
- Servir a nuestra familia y a los demás.

> **«Después de todo, no trajimos nada cuando vinimos a este mundo, ni tampoco podremos llevarnos nada cuando lo dejemos».**
> 1 Timoteo 6.7 (NTV)

Lo importante no es el tamaño de la casa, ni el tamaño del auto, ni el paseo de vacaciones, ni los logros aparentes...

- Su tesoro está en el disfrute del momento y no el destino.
- Su tesoro es la compañía y no la riqueza material.
- Su tesoro está dentro y no fuera.
- Su tesoro estará donde esté su corazón.
- Su tesoro es su familia, a quienes ama.
- Mi tesoro son mi familia, mi esposa y mis hijos.
- Su tesoro es estar y ser agradecidos con Dios.
- Su mejor legado no es solo dejar paz financiera, sino principios de sabiduría a quienes ama, que perduren por siempre.

Doy gracias a Dios por haberme dado la oportunidad de acercarme a sus vidas y sembrar un granito de arena para su bienestar. Así lego con honra los apellidos de mi padre y mi madre, legados de esfuerzo, bondad y mesura. Espero poder también dejar un buen nombre a mis hijos, pues más vale el buen nombre que las muchas riquezas.

Debemos disfrutar el compartir con los nuestros sabiendo que el dinero no es solo tuyo, ni mío, sino nuestro.

Espero tener buenas noticias... ¡Hasta la próxima!

«Da el primer paso con fe. No tienes que ver toda la escalera. Basta con que subas el primer peldaño».

Martin Luther King

Por favor, si las enseñanzas compartidas en este libro han sido de bendición y provecho para su vida, su pareja o su familia, escríbanos al Facebook de Finanzas con Propósito, nos alegrará tener noticias suyas.

Nos agradaría recibir noticias suyas.
Por favor, envíe sus comentarios sobre este libro
a la dirección que aparece a continuación.
Muchas gracias.

Editorial Vida
Vida@zondervan.com
www.editorialvida.com